Stevia

Brigitte Speck

# Stevia

## Süßen mit dem Wunderkraut

FONA

Verantwortlich für das Lektorat:
Léonie Haefeli-Schmid
Gestaltung Umschlag
(Reihencharakter):
Dora Eichenberger-Hirter, Birrwil
Gestaltung Inhalt:
FonaGrafik, Daniela Friedli
Foodbilder:
Andreas Thumm,
Freiburg i. Breisgau
Übrige Bilder:
Dr. Klaus Ammann, Bern;
Pro Stevia Schweiz, Bern
Lithos:
Repro Schicker AG, Baar
Printed in Germany

ISBN 978-3-03780-390-5

# Inhalt



Abkürzungen

EL = gestrichener Esslöffel
TL = gestrichener Teelöffel
dl = Deziliter
ml = Milliliter
Msp = Messerspitze
g = Gramm

Mengenangaben

Wo nicht anders vermerkt, sind die Rezepte für 4 Personen berechnet.

## Dank

Herzlichen Dank all denen, die mit ihren Erfahrungen und ihrem Wissen zu diesem Buch beigetragen oder mich mit ihren Produkten unterstützt haben:

- Aromalife AG, Jegenstorf
- Cooperativa Ruiz de Montoya, Misiones/Argentinien, Köniz
- Gärtnerei Neubauer, Erlen
- Maestrani AG, St. Gallen
- Rechsteiner PR, Oberdiessbach
- Verein Pro Stevia Schweiz, Bern
- Würzenbach Drogerie, Luzern
- Professor Dr. Klaus Ammann, Direktor des Botanischen Gartens Bern
- Dr. Udo Kienle, Universität Hohenheim, Stuttgart

Ich möchte auch dem Vorstand des Vereins Pro Stevia Schweiz (in welchem ich Mitglied bin) für die schöne Zusammenarbeit danken, mit ihm wurde das Konzept und der einleitende Text erarbeitet.
Der Dank geht auch an meine Kolleginnen Erica Bänziger und Miriam Hüsler, die mich mit ihren Ideen unterstützt haben.
Ein besonderes Dankeschön verdienen meine Familie und meine Freunde; sie haben die Speisen degustiert und meine Arbeit kritisch begleitet und unterstützt.

# Vorwort

## Stevia setzt sich durch

Täglich verwenden Millionen von Menschen vor allem in Asien und in Lateinamerika Stevia zum Süßen ihrer Nahrungsmittel, ohne Nebenwirkungen. Seit mehreren Jahrzehnten ist dieses Süßkraut unter verschiedenen Namen auch bei uns bekannt. Trotz allem wird Stevia in der EU und ebenso in andern Ländern von den Behörden weder als Süßstoff noch als Nahrungsergänzung akzeptiert.

Stevia überzeugt durch sich selbst. Trotz allem sind Stevia-Produkte vielerorts erhältlich: als Pulver, als flüssiges Konzentrat oder einfach nur als getrocknete Blätter. Und die Stevia-Pflanze kann auch in Ihrem Garten oder auf dem Fensterbrett Ihrer Nachbarinnen gedeihen. So können Sie Getränke, Desserts, Kleingebäck und Kuchen aus einem «selbstgemachten Süßstoff» zubereiten.

Das Buch soll mithelfen, Stevia bekannter zu machen und den Umgang mit dem speziellen Kraut auszuprobieren. Wir hoffen sehr, dass es nebst Gaumenfreuden auch einen kleinen Beitrag auf dem Weg leistet, die Stevia-Produkte überall auf der Welt zuzulassen – als natürliches, gesundes Süßmittel.

Genießen Sie mit Stevia!

Kurt Steiner, Präsident Pro Stevia Schweiz

## Süß ist nicht gleich süß

Das Süßkraut Stevia rebaudiana lernte ich vor ein paar Jahren kennen. Es faszinierte mich. Schon allein der Gedanke, diesen «Zucker» in meinem Kräutergarten anzubauen, begeisterte mich. In der Vergangenheit habe ich mich intensiv mit der Ernährungsumstellung von ADS-Kindern beschäftigt. Um die Hyperaktivität zu vermindern, muss Zucker gemieden werden.

Stevia ist die Alternative. Während des Probebackens und Probekochens machte ich die Erfahrung, dass es nicht so einfach ist, Zucker durch Stevia zu ersetzen. Süß ist eben nicht gleich süß. Nach einer arbeitsintensiven Versuchsphase sind nun viele Rezepte entstanden, die, so hoffe ich, Ihnen gefallen und Ihrem Gaumen schmecken.

Ich wünsche mir, dass dieses Buch dazu beiträgt, weniger Zucker und vermehrt Stevia zu gebrauchen.

Guten Appetit!

Brigitte Speck

Wer einmal ein Stevia-Blatt im Mund hatte, wird seinen Geschmack nicht mehr vergessen: Ob frisch oder getrocknet, schon ein kleines Stück zeigt die ganze Süße der Pflanze, die an Lakritze erinnert und deren Aroma lange auf Zunge und Gaumen verweilt. Die Menschen im heutigen Dreiländereck Paraguay, Brasilien und Argentinien nannten sie Kaá-heé (Honigkraut) oder einfach nur Yerba Dulce (Süßes Kraut). Die Urbevölkerung der Region, die Guaraní, nutzen Stevia seit Jahrhunderten als Heilpflanze und zum Süßen von Mate-Tee. Die Europäer kamen erst später in Kontakt mit Stevia. 1899 beschrieb der Schweizer Wissenschaftler Moisés Bertoni (1857–1929) erstmals die Stevia rebaudiana. Der aus dem kleinen Dorf Lottigna (Tessin) stammende Freidenker entdeckte viele Pflanzen- und Tierarten. Dank der Unterstützung unter anderem des Schweizer Hilfswerks Helvetas ist Bertonis Forschungsareal in Paraguay heute ein Nationalpark mit einem kleinen Museum.

# Stevia – das Honigblütenblatt aus Paraguay

Botanik
## Ein Korbblütler mit Steviosid

Bei Stevia rebaudiana handelt es sich um einen kleinen, blattreichen Strauch von 50–100 cm Höhe. Die kleinen Blätter sind lanzettförmig. Die Pflanze gehört zur Familie der Asteraceae. Die Fotos im Einführungsteil stammen von Professor Dr. Klaus Ammann, Direktor des Botanischen Gartens in Bern. Er ist am meisten von den Blüten fasziniert, d. h. von den winzigen Korbblüten, eigentlich Blütenständen, die wie Einzelblüten aussehen. An den kleinen Blüten sichtbar ist ein Körbchen mit Hüllblättern und zweiteiliger Narbe. Die Gattung der Korbblütler ist in Südamerika mit zahlreichen Arten vertreten. Aber nur Stevia rebaudiana enthält Steviosid, ein Molekül, das 300-mal süßer als Zucker ist.

Anbau und Pflege
## Lernen vom Basilikum

Stevia rebaudiana gedeiht nicht nur in Südamerika, sondern auch in Mitteleuropa. Ihre Herkunft aus dem subtropischen Klima von Paraguay, Brasilien und Argentinien prägt jedoch ihre Ansprüche an Boden und Temperatur. Der Bio- und Naturgärtner Markus Neubauer aus Erlen hat in seinem Betrieb in der Ostschweiz die besten Erfahrungen gemacht, wenn Stevia gleich wie Basilikum behandelt wird. Richtig wohl wird den beiden erst bei Temperaturen über 20 °C. Sie bevorzugen warme und geschützte Standorte, die weder trocken noch allzu heiß sein sollten. Stevia gedeiht auf humus- und nährstoffreichem Boden am besten, benötigt jedoch für ein ordentliches Wachstum eine genügend hohe Bodenfeuchtigkeit.

Nördlich der Alpen ist die Kultur in Töpfen oft dankbarer als das Auspflanzen im Freien. Bei entsprechenden Boden- und Temperaturverhältnissen ist Stevia rebaudiana eine robuste und wüchsige Pflanze. Die Blattläuse besiedeln das süße Blatt zwar sehr gerne, verursachen aber keine gravierenden Schäden.

Das Überwintern der Pflanze gestaltet sich unproblematisch, wenn man ihr die Winterruhe gönnt. Dabei sterben die oberirdischen Pflanzenteile ab und die mehrjährige Wurzel überwintert in frostfreier aber kühler Umgebung, um im März wieder auszutreiben. Am besten überwintern junge Pflanzen, welche im September aus Kopfstecklingen gezogen werden.

Nach der Blüte (Juni/Juli) sollte die Steviapflanze zurückgeschnitten werden. So wird der Neuaustrieb in der zweiten Sommerhälfte angeregt. Diese Neuaustriebe sind in der Regel Mitte August/Anfang September groß genug, um Kopfstecklinge schneiden zu können. Stecklinge sollten außer der Triebspitze 2 ausgewachsene Blätter haben. Diese werden in kleine Töpfe gesetzt, mit einer Plastikhaube abgedeckt und feucht gehalten, bis sich Wurzeln gebildet haben. In der Regel ist das nach 2–3 Wochen der Fall.

Gesundheit

## Süß ohne Kalorien

Schon der Botaniker Moisés Bertoni hat es erkannt: «Eine neue Pflanze, von mir entdeckt, als Süß- mittel fast so kraftvoll wie Saccharin, aber ohne dessen Nachteile und frei von Nebenwirkungen, mit der Ausnahme, dass Stevia leicht tonisiert.» Stevia hat verschiedene gesundheitliche Vorteile. Die Süße der Pflanze ist fast kalorienfrei: 0,21 Kcal je Gramm Steviosid. Stevia beeinträchtigt den Blutzuckerspiegel nicht. Stevia ist ebenfalls bei vielen Ernährungstherapien hilfreich, etwa bei Übergewicht oder in der Übergewicht-Prophylaxe, bei ADS-Kindern, die nachweislich weniger zappelig und weniger agressiv sind, wenn Zucker durch Stevia ersetzt wird, bei Diabetes Typ 1 und Typ 2 (Agavendicksaft und Ahornhonig können durch einige zusätzliche Tropfen Stevia ersetzt werden) oder in der Diabetes-Prophylaxe und bei Candida-Pilzbefall. Stevia verursacht auch keine Karies.

Verbreitung

## In vieler Leute Munde

Im Osten Südamerikas wird Stevia seit jeher zum Süßen von Getränken und von Speisen verwendet. Der Botaniker Moisés Bertoni hat bereits schon bei der Entdeckung von Stevia betont: «Die Tatsache, dass die Süßkraft von Kaá-heé der von Zucker so überlegen ist, zeigt, dass man nicht die Ergebnisse von Analysen und Kulturversuchen abwarten muss, um den ökonomischen Vorteil von Stevia zu bestätigen.» Deshalb hat die Pflanze schnell auch andere Orte auf unserem Planeten erreicht. In etlichen Gärten, auf Terrassen und auf Balkonen in Deutschland, in der Schweiz und in Österreich wächst das Süßkraut neben anderen Kräutern und wird zum Beispiel zum Süßen von Tee verwendet.

Einen Siegeszug hat Stevia in Asien angetreten. 80% der weltweiten Anbauflächen liegen in China. Stevia kommt nicht nur in Form flüssiger oder pulverisierter Extrakte in den Handel, sondern ist bereits schon in vielen verarbeiteten Lebensmitteln enthalten. Vor allem in Japan und in Korea ist Stevia ein etabliertes Süßungsmittel, das zu Lasten der künstlichen Süßstoffe einen hohen Marktanteil erreicht hat. Von Limonade-Getränken über Kaugummis und Sojasaucen, von Eiscreme bis zu Backwaren oder auch Zahnpasten wird eine Vielzahl von Produkten mit Stevia gesüßt.

Zulassung

## Für die EU kein Süßmittel

Millionen von Menschen konsumieren seit Jahrzehnten täglich Stevia – Nebenwirkungen sind bisher keine bekannt. Weltweit wurden zu Stevia über zweihundert Toxizitätsstudien durchgeführt, welche ihre gesundheitliche Sicherheit belegen. Zudem legte im 2004 die Weltgesundheitsorganisation WHO einen ADI-Wert fest und bestätigte so die gesundheitliche Unbedenklichkeit. Und trotzdem schränken staatliche Vorschriften die Anwendung von Stevia in vielen Ländern ein. In den USA und in Australien ist Stevia zum Beispiel nicht als Lebensmittel oder als Zutat erhältlich, sondern nur als Produkt zur Nahrungsmittelergänzung. In der EU wurde 1999/2000 eine Zulassung von Stevia gemäß der Novel-Food-Verordnung abgelehnt. Die momentane Informations-

lage sei nicht ausreichend, um die gesundheitliche Unbedenklichkeit zu garantieren. Als Pflanze, die nicht im europäischen Kulturraum heimisch sei, benötige Stevia umfassende Studien, um überhaupt im Nahrungsmittelbereich zugelassen zu werden.

Dr. Udo Kienle von der Universität Hohenheim baut seit 1987 Steviapflanzen versuchsweise an. Eines seiner Projekte zur Optimierung von Anbau und Erntetechniken von 1998 bis 2002 in Südspanien wurde sogar sinnigerweise von der EU finanziert. Denn vielleicht könnte Stevia in dieser Region eine Alternative zum Tabakanbau werden. Dr. Kienle schätzt, dass für die Durchführung der fehlenden Studien und für die Klärung offener Fragen der Behörden wohl noch Jahre vergehen können, um Stevia als Lebensmittelzusatz zuzulassen.

Erhältlichkeit

## Stevia wächst überall

Trotz der ablehnenden Haltung der EU ist Stevia in vielfältiger Form auch in Deutschland und in Österreich erhältlich. Via Internet oder in ausgewählten Fachgeschäften sind nicht nur getrocknete Steviablätter erhältlich, sondern auch Konzentrate in flüssiger oder Pulverform. Manchmal tragen die Steviaprodukte unverfängliche Namen oder werden wie in den USA als Nahrungsmittelergänzung verkauft. Völlig legal ist das private Hegen, Pflegen und Konsumieren von Stevia. In der Schweiz ist der rechtliche Spielraum größer. Verschiedene Behörden widersprechen sich betreffend der Zulassung des Wunderkrautes. Während Stevia im einen Kanton beschlagnahmt wird, bleibt es anderswo in den Regalen und ist entweder flüssig oder als Pulver auch in vielen Apotheken, Drogerien und Fachgeschäften zu kaufen. Weit verbreitet ist Stevia als Süßstoff in Teemischungen, auch wenn dieses Süßkraut nicht als Süßungsmittel bezeichnet werden darf! Doch Stevia-Tee süßt eben trotzdem …

Anwendung

## Frisch, getrocknet, konzentriert

Stevia kann in allen Rezepten den Zucker oder zumindest einen großen Teil davon ersetzen. Wer sehr süße Desserts, süßes Gebäck und süße Getränke liebt, ersetzt einen Teil des Zuckers durch Stevia und den anderen Teil durch Akazienhonig, Birnendicksaft, Agavendicksaft oder Ahornsirup. Mit der Zeit braucht man immer weniger zu süßen, da sich der Gaumen an die reduzierte Süße gewöhnen wird.

| Steviaprodukte | Anwendung |
|---|---|
| frische Blätter, ganz oder zerstoßen | Tee zum Herstellen des Stevia-Auszugs |
| getrocknete Blätter, ganz oder gemahlen | Tee zum Herstellen des Stevia-Auszugs |
| Stevia-Auszug (selbst hergestellt) | praktisch überall, wo die Flüssigkeitsmenge keinen Einfluss auf die Konsistenz hat |
| Stevia (Konzentrat), flüssig | uneingeschränkt verwendbar |
| Stevia (Konzentrat), Pulver weiß | uneingeschränkt verwendbar |

### Desserts und Backwaren

Für die Rezepte wurden vor allem flüssiges Stevia-Konzentrat und Stevia-Auszug verwendet.

### Einmachen

Zum Einmachen eignet sich Steviosid-Pulver am besten. In den Rezepten wurde für Konfitüren pro kg Früchte 2-4 g Steviosid-Pulver verwendet. Es ist auch möglich, Konfitüren mit pulverisierten getrockneten Steviablättern zu machen, der Geschmack der Pflanze verändert aber den Fruchtgeschmack leicht und zudem wird z. B. eine Aprikosenkonfitüre leicht grünlich.

Dosierung

## Wieviel Stevia braucht man?

Die Mengenangaben beruhen auf den Produkten, die für die Rezeptentwicklung verwendet wurden: Flüssiges Stevia-Konzentrat aus dem Fachhandel und selbst hergestellter Stevia-Auszug. Nicht alle im Handel erhältlichen Produkte sind gleich süß. Deshalb ist es wichtig, dass man die Grundmasse kostet und je nach persönlicher Vorliebe noch etwas mehr Stevia zugibt. Nur kleine Mengen zugeben, um stoppen zu können, bevor der Lakritzgeschmack der Stevia zu dominant wird. Der selbst hergestellte Stevia-Auszug hat je nach Erntezeit der Blätter mehr oder weniger Süßkraft. Besonders süß ist das Steviablatt kurz vor der Blüte. Schwierig ist die Dosierung des reinen Steviosids, denn es ist 300-mal süßer als Zucker. Flüssiges Stevia-Konzentrat ist 10- bis 15-mal süßer als weißer Zucker. 3 Tropfen Stevia = 2 Würfelzucker.

Tipp: Steviosid in heißem Wasser auflösen und tropfenweise zugeben.

**Ca. 1 Esslöffel Stevia-Auszug (selbst hergestellt) = 4 Tropfen Stevia**

# Stevia-Auszug

aus frischen und getrockneten Blättern

*für 2 dl/200 ml Auszug*

2 dl/200 ml Wasser
1 Tasse (2 dl/200 ml Inhalt) frische Steviablätter

1 Das Wasser aufkochen, die Steviablätter zugeben und 2 Minuten köcheln lassen. Den Aufguss durch ein Sieb gießen.

2 Kleine Flasche mit Bügelverschluss im kochenden Wasser vorwärmen. Heißen Stevia-Auszug einfüllen, verschließen. Hält sich im Kühlschrank bis zu 6 Monaten.

### Stevia-Auszug aus getrockneten Blättern

Blätter kurz vor dem Blühen ernten und an einem schattigen, luftigen Ort trocknen. Für 2 dl/200 ml Auszug 7 g getrocknete Blätter nehmen.

# Getränke – Joghurts

# Exotik-Shake

ergibt ca. ¾ l

1 Mango
2 dl/200 ml Ananassaft
2½ dl/250 ml Kokosnussmilch
8 Tropfen Stevia

1 Die Mango mit einem Sparschäler schälen, das Fruchtfleisch in Schnitzen vom Stein schneiden.

2 Die Zutaten fein pürieren. Den Exotik-Shake mindestens 1 Stunde kühl stellen.

| | | | |
|---|---|---|---|
| Broteinheiten | 1,10 | Eiweiß | 0,66 g |
| Brotwert | 1,21 | Fett | 0,53 g |
| Energiewert | 242,93 kJ (57,93 kcal) | Kohlehydrate | 12,11 g |

# Himbeer-Shake

ergibt ca. ¾ l

200 g Himbeeren
½ l Milch
10 Tropfen Stevia
oder
ca. 2 EL Stevia-Auszug, Rezept Seite 13

1 Himbeeren, Milch und Stevia fein pürieren. Mindestens 1 Stunde kühl stellen.

2 Himbeer-Shake in gekühlten Gläsern servieren.

Tipp Diesen Shake kann man auch mit beliebigen anderen Früchten zubereiten.

| | | | |
|---|---|---|---|
| Broteinheiten | 0,66 | Eiweiß | 0,35 g |
| Brotwert | 0,80 | Fett | 0,13 g |
| Energiewert | 148,28 kJ (35,41 kcal) | Kohlehydrate | 8,01 g |

# Frucht-Smoothie

ergibt ca. ½ l

200 g Brombeeren
2 Nektarinen
1 reife, aber feste Banane
2 EL Stevia-Auszug, Seite 13,
oder 8 Tropfen Stevia
1–2 dl/100–200 ml Wasser

1 Die Nektarinen halbieren und entsteinen, die Fruchthälften klein schneiden. Die Banane schälen und in Scheiben schneiden.

2 Früchte und Stevia-Auszug oder Stevia-Tropfen fein pürieren. Nach Belieben mit 1–2 dl/100–200 ml Wasser verdünnen.

3 Frucht-Smoothie in Gläser füllen, nach Belieben zerhacktes (crushed) Eis dazugeben, servieren.

| | | | |
|---|---|---|---|
| Broteinheiten | 1,20 | Eiweiß | 1,46 g |
| Brotwert | 1,40 | Fett | 0,62 g |
| Energiewert | 299,55 kJ (71,83 kcal) | Kohlehydrate | 13,95 g |

# Sommertee

ergibt ca. 1½ l

4 Beutel Hagebuttentee
3 Beutel Minzetee oder
4 Zweige Minze
4 Beutel Früchtetee
1½ l Wasser
20–25 Tropfen Stevia oder
5–6 EL Stevia-Auszug, Seite 13
1 unbehandelte Zitrone

1 Alle Teebeutel und eventuell die frische Minze in einen Krug geben. Das Wasser aufkochen und in den Teekrug geben, 8 Minuten ziehen lassen.

2 Teebeutel und eventuell Minze entfernen, Stevia zugeben. Den Tee mindestens 1 Stunde kühl stellen.

3 Die Zitrone in Scheiben schneiden. Den Tee mit Eiswürfeln und Zitronenscheiben servieren.

| | | | |
|---|---|---|---|
| Broteinheiten | 0,60 | Eiweiß | 1,32 g |
| Brotwert | 0,72 | Fett | 0,46 g |
| Energiewert | 162,83 kJ (38,92 kcal) | Kohlehydrate | 7,17 g |

# Mokka-Joghurt

1 l UHT-Bio-Milch (Vollmilch oder teilentrahmte Milch)
1 EL Instant-Kaffeepulver
2 EL Inulin / Steviosid-Mischung, Seite 20
2 EL Bio-Vollmilchjoghurt

Milch auf 45 °C erwärmen. Temperatur mit dem Finger (Körperwärme) oder einem Thermometer kontrollieren. Kaffeepulver und Inulin / Steviosid mit dem Schneebesen unterrühren, Joghurt unterrühren. In 6 kleine Gläser füllen.

Variante 1 Offene Gläser auf ein Backblech stellen und bei 40 °C in den Backofen schieben, über Nacht bei 40 °C stehen lassen. Gläser am nächsten Tag verschließen, dann kühl stellen.

Variante 2 Milchmasse nicht in Gläser, sondern in eine Thermoskanne mit großer Öffnung füllen, 10 bis 12 Stunden stehen lassen. Anschließend für ein paar Stunden in den Kühlschrank stellen, danach in saubere Portionsgläser füllen.

Variante 3 Einen Joghurtbereiter (nach Gebrauchsanweisung) verwenden.

Wichtig Bis der Joghurt fest ist, dürfen die Gläser nicht bewegt werden!

UHT-Bio-Milch Auf 140-150 °C erhitzte und danach abgekühlte Milch. Gänzlich keimfrei.

| 100 g enthalten | | | |
|---|---|---|---|
| Broteinheiten | 0,55 | Eiweiß | 2,88 g |
| Brotwert | 0,66 | Fett | 2,90 g |
| Energiewert | 315,62 kJ (75,50 kcal) | Kohlehydrate | 6,62 g |

## Vanille-Joghurt

Herstellung wie Mokka-Joghurt; Kaffeepulver durch 1 TL Bourbon-Vanillepulver ersetzen.

| 100 g enthalten | | | |
|---|---|---|---|
| Broteinheiten | 0,59 | Eiweiß | 2,91 g |
| Brotwert | 0,71 | Fett | 2,92 g |
| Energiewert | 326,07 kJ (77,97 kcal) | Kohlehydrate | 7,13 g |

## Schokoladen-Joghurt

Herstellung wie Mokka-Joghurt; Kaffeepulver durch 2 EL Kakaopulver ersetzen.

| 100 g enthalten | | | |
|---|---|---|---|
| Broteinheiten | 0,57 | Eiweiß | 3,39 g |
| Brotwert | 0,68 | Fett | 3,53 g |
| Energiewert | 350,60 kJ (83,84 kcal) | Kohlehydrate | 6,82 g |

100 g Inulin
4 g Steviosidpulver

**Inulin / Steviosidmischung** Inulin und Steviosidpulver vermischen. Diese Mischung erleichtert das Dosieren des Steviosidpulvers.

Inulin ist ein Polysaccharid (Vielfachzucker), das in vielen Pflanzen als Reservestoff eingelagert wird, so in Topinambur, Zichorien, Dahlie, Artischocke und Löwenzahn. Inulin ist bei Zuckerkrankheit ein Glucose-Ersatz. Inulin wird im Dünndarm nicht resorbiert. Inulin ist leicht süß und hat praktisch keine Kalorien (1 kcal / g). Es wirkt prebiotisch, das heißt es unterstützt die gute Darmflora und verdrängt schlechte Bakterien.

# Desserts

# Götterspeise

mit Rhabarber und Erdbeeren

½ Portion Vanillecreme, Seite 36

350 g Rhabarber
2 EL Wasser
2 EL Birnendicksaft
40 Tropfen Stevia
oder
8–12 EL Stevia-Auszug
(dann Wasser weglassen),
Rezept Seite 13

300 g Erdbeeren
10 Tropfen Stevia
oder
ca. 2 EL Stevia-Auszug,
Rezept Seite 13
ca. 16 ungezuckerte Zwiebacke

1 Rhabarber schälen und in Stücke schneiden. Rhabarber mit Wasser, Birnendicksaft und Stevia bei schwacher Hitze weich kochen, dann auskühlen lassen.

2 Die Erdbeeren entstielen und klein schneiden, mit dem Stevia in einer Schüssel mischen und etwa 10 Minuten ziehen lassen.

3 In eine Schüssel von etwa 18 cm Durchmesser die Hälfte des Rhabarbers füllen. 4 Zwiebacke darauf legen, die Hälfte der Vanillecreme darauf verteilen. Wieder 4 Zwiebacke darauf legen, danach eine Schicht Erdbeeren. Alles nochmals wiederholen und mit den Erdbeeren abschließen.

| 100 g enthalten | | | |
|---|---|---|---|
| Broteinheiten | 1,27 | Eiweiß | 2,86 g |
| Brotwert | 1,52 | Fett | 3,27 g |
| Energiewert | 438,43 kJ (104,63 kcal) | Kohlehydrate | 15,24 g |

# Reisköpfchen

## mit Himbeersauce

für 6 Personen

**Reisköpfchen**

- 8 dl/800 ml Milch
- 1 Prise Meersalz
- 40 Tropfen Stevia
- ½ Päckchen Vanillezucker
- 180 g Rundkornreis

**Himbeersauce**

- 300 g Himbeeren
- 15 Tropfen Stevia
- oder
- 3–4 EL Stevia-Auszug, Rezept Seite 13

1 Himbeeren mit Stevia aufkochen, die Früchte bei schwacher Hitze zerfallen lassen, 1 bis 2 Minuten.

2 Milch aufkochen, Salz, Stevia, Vanillezucker und Reis hinzufügen, bei schwacher Hitze köcheln lassen, bis der Reis weich ist, immer wieder umrühren. 6 Förmchen kalt ausspülen, den Milchreis einfüllen und erkalten lassen.

3 Die Reisköpfchen auf Teller stürzen, mit der Himbeersauce übergießen.

| | | | |
|---|---|---|---|
| Broteinheiten | 2,71 | Eiweiß | 7,07 g |
| Brotwert | 3,25 | Fett | 2,47 g |
| Energiewert | 781,96 kJ (186,89 kcal) | Kohlehydrate | 32,53 g |

## Aprikosen-quarkcreme

250 g Vollmilchquark
3 EL Milch
1 EL Akazienhonig oder Birnendicksaft
8 Tropfen Stevia oder 1–2 EL Stevia-Auszug, Rezept Seite 13
400 g reife Aprikosen

1 Aprikosen halbieren und entsteinen, Stielansatz wegschneiden, zwei Aprikosenhälften für die Garnitur beiseite legen, restliche Früchte klein schneiden.

2 Alle Zutaten fein pürieren. Creme in Gläsern anrichten, die restlichen Aprikosenhälften in Schnitze schneiden, Creme damit garnieren.

| 100 g enthalten | | | |
|---|---|---|---|
| Broteinheiten | 0,65 | Eiweiß | 3,89 g |
| Brotwert | 0,78 | Fett | 3,78 g |
| Energiewert | 349,62 kJ (83,41 kcal) | Kohlehydrate | 7,83 g |

## Himbeerköpfchen

250 g Himbeeren
3½ dl/350 ml Ananassaft, ungezuckert
1 TL Agar-Agar-Pulver
1 EL Wasser
7 Tropfen Stevia
Schlagrahm/-sahne für die Garnitur

1 Die Hälfte der Himbeeren mit 1 dl/100 ml Ananassaft kochen, bis die Beeren zerfallen sind, durch ein Sieb streichen und den Saft auffangen.

2 Den Himbeersaft mit dem restlichen Ananassaft aufkochen, Stevia und das mit wenig Wasser angerührte Agar-Agar-Pulver unterrühren. Unter Rühren 2 Minuten köcheln lassen. Den Topf von der Wärmequelle nehmen, restliche Himbeeren unterrühren, in Portionsförmchen füllen. Auskühlen lassen, dann 2 bis 3 Stunden in den Kühlschrank stellen.

3 Die Himbeerköpfchen auf Teller stürzen, mit dem Schlagrahm garnieren.

| 100 g enthalten | | | |
|---|---|---|---|
| Broteinheiten | 0,72 | Eiweiß | 1,05 g |
| Brotwert | 0,87 | Fett | 5,63 g |
| Energiewert | 390,90 kJ (93,28 kcal) | Kohlehydrate | 8,66 g |

# Birnenköpfchen

für 4–6 Förmchen

4 reife Birnen,
z. B. Williams oder Conférence
4 TL Birnendicksaft
20 Tropfen Stevia
½ TL gemahlene Bourbon-Vanille
1 EL Zitronensaft
3 EL Wasser
2–3 ungezuckerte Zwiebacke
½ TL Agar-Agar-Pulver
3 EL Wasser

½ dl/50 ml Schlagrahm/-sahne
wenig Kakaopulver oder Zimtpulver

1 Birnen schälen, vierteln und entkernen. Zwiebacke mit dem Teigholz fein zerbröseln. Agar-Agar-Pulver mit 3 Esslöffel Wasser glattrühren.

2 Birnendicksaft, Stevia, Vanillepulver, Zitronensaft und 3 EL Wasser in einen Topf geben, Birnenviertel hineinlegen, aufkochen, die Früchte bei schwacher Hitze nicht zu weich kochen, 2 bis 3 Minuten. Birnenviertel herausnehmen und klein würfeln.

3 Die Förmchen kalt ausspülen.

4 Birnenfond aufkochen, Birnenwürfelchen zugeben. Das mit Wasser angerührte Agar-Agar-Pulver unter ständigem Rühren einlaufen lassen und weiterrühren, 1 Minute köcheln lassen.

5 Abwechselnd Birnenwürfelchen und Zwiebackbrösel in die kalt ausgespülten Förmchen verteilen, mit Birnenwürfelchen beginnen und abschließen. Auskühlen lassen. Förmchen 2 bis 3 Stunden in den Kühlschrank stellen.

6 Birnenköpfchen auf Teller stürzen, mit Schlagrahm/-sahne garnieren, mit Kakaopulver oder Zimt bestäuben.

Tipp Es ist sehr wichtig, dass die Förmchen schnell gefüllt werden, da sonst das Agar-Agar im Topf eindickt.

| | | | |
|---|---|---|---|
| Broteinheiten | 1,72 | Eiweiß | 1,26 g |
| Brotwert | 2,06 | Fett | 3,67 g |
| Energiewert | 504,15 kJ (120,39 kcal) | Kohlehydrate | 20,64 g |

# Bananen-Pudding

mit Kokosnussrahm

Pudding

1 dl/100 ml Kokosnussmilch
1 dl/100 ml Milch
2 sehr reife Bananen
2 Freilandeier
1 TL gemahlene Bourbon-Vanille
1½–2 EL Stevia-Auszug, Rezept Seite 13, oder 6–8 Tropfen Stevia

Kokosnussrahm/-sahne

2 dl/200 ml Rahm/Sahne
2 EL Kokosnusschips

1 Den Backofen auf 180 °C vorheizen.

2 Kokosnussmilch, Milch, zerkleinerte Bananen, Eier, Vanille und Stevia mit dem Stabmixer pürieren. Die Creme in eine kleine Puddingform mit Deckel füllen (etwa 10 cm Durchmesser).

3 Puddingform in eine große ofenfeste Schüssel stellen, bis auf drei Viertel Höhe mit Wasser füllen, in den Ofen schieben. Bananen-Pudding bei 180 °C 40 bis 50 Minuten stocken lassen. Garprobe: mit einer Stricknadel in den Pudding stechen; bleibt sie sauber, ist der Pudding gar. In der Form auskühlen lassen.

4 Kokosnusschips in einer Pfanne ohne Fett leicht rösten, auskühlen lassen. Den Rahm steif schlagen, in einen Spritzbeutel füllen.

5 Pudding stürzen, mit Rahmrosetten garnieren und mit Kokosnusschips bestreuen.

| 100 g enthalten | | | |
|---|---|---|---|
| Broteinheiten | 0,88 | Eiweiß | 1,93 g |
| Brotwert | 1,07 | Fett | 10,94 g |
| Energiewert | 622,52 kJ (148,58 kcal) | Kohlehydrate | 10,66 g |

200 g tiefgekühlte oder frische geschälte Marroni/Esskastanien
3–5 dl/300–500 ml Milch, je nach Topfgröße
1 EL Agavendicksaft oder Akazienblütenhonig
1–2 EL Stevia-Auszug, Rezept Seite 13, oder 3–5 Tropfen Stevia
½ TL gemahlene Bourbon-Vanille

Schlagrahm/-sahne

1 Marroni/Esskastanien und Milch (die Marroni müssen mit der Milch bedeckt sein) in einem kleinen Topf aufkochen, bei schwacher Hitze unter zeitweiligem Rühren kochen, bis die Früchte zerfallen. Restliche Milch abgießen. Übrige Zutaten zugeben, pürieren. Auskühlen lassen.

2 Die Marroni-/Kastanienmasse in eine Vermicellepresse geben, auf Teller drücken. Mit Schlagrahm/Sahnehäubchen garnieren.

### Erntefrische Marroni/Esskastanien vorbereiten

Schale der frischen Früchte auf der gewölbten Seite mit einem scharfen Küchenmesser so tief einritzen, dass die Frucht nicht verletzt wird. Marroni/Esskastanien 4 Minuten in kochendem Wasser blanchieren. Abgießen und mit kaltem Wasser abschrecken. Die Früchte noch heiß schälen, Trennhäutchen mit einem scharfen Messer entfernen. Geschälte Marroni/Esskastanien im Dampf (im Siebeinsatz) 10 bis 12 Minuten vorgaren.

| 100 g enthalten | | | |
|---|---|---|---|
| Broteinheiten | 1,20 | Eiweiß | 2,84 g |
| Brotwert | 1,44 | Fett | 6,73 g |
| Energiewert | 546,79 kJ (130,62 kcal) | Kohlehydrate | 14,39 g |

# Vermicelles

# Hirseauflauf

mit Aprikosen

4 dl/400 ml Wasser
100 g Goldhirse
1 Prise Meersalz
200 g Aprikosen
1 Eigelb von einem Freilandei
½ Orange, abgeriebene Schale
125 g Magerquark
25 Tropfen Stevia
1½ EL Agavendicksaft oder Akazienblütenhonig
1 Eiweiß

1 Das Wasser aufkochen, Hirse und Salz zugeben, etwa 15 Minuten bei schwacher Hitze köcheln lassen. Topf beiseite stellen, Hirse zugedeckt noch etwas ausquellen lassen.

2 Den Backofen auf 200 °C vorheizen.

3 Aprikosen halbieren, entsteinen, Stielansatz wegschneiden, Fruchthälften würfeln. Eigelb, Orangenschale, Quark, Stevia und Agavendicksaft glattrühren. Das Eiweiß steif schlagen.

4 Die Eigelbmasse und die Aprikosenwürfelchen unter die Hirse rühren. Das zu Schnee geschlagene Eiweiß vorsichtig unter die Masse ziehen, in eine mit Butter eingefettete Auflaufform füllen.

5 Den Hirseauflauf auf mittlerer Schiene in den Ofen schieben, bei 200 °C 30 bis 35 Minuten backen.

Tipp Für eine Mahlzeit die Mengen verdoppeln.

| 100 g enthalten | | | |
|---|---|---|---|
| Broteinheiten | 1,03 | Eiweiß | 3,67 g |
| Brotwert | 1,24 | Fett | 1,23 g |
| Energiewert | 323,59 kJ (77,21 kcal) | Kohlehydrate | 12,44 g |

# Apfelsaftcreme

mit Äpfeln

4 Freilandeier
3 dl/300 ml naturtrüber Apfelsaft
4 EL Stevia-Auszug, Rezept Seite 13, oder
ca. 12 Tropfen Stevia
1 TL Maisstärke
1 unbehandelte Zitrone
3 Äpfel
1 dl/100 ml Rahm/Sahne
150 g Rahm-/Sahnequark
1 TL Akazienblütenhonig
eventuell etwas Milch

1 Die Eier mit dem Schneebesen verquirlen, mit Apfelsaft, Stevia und Maisstärke in einen Topf geben, unter Rühren erhitzen, unter dem Siedepunkt 2 bis 3 Minuten ziehen lassen, in eine Schüssel umfüllen und unter häufigem Rühren erkalten lassen.

2 Die Schale der Zitrone in eine Schüssel reiben. Zitrone auspressen und dazugeben. 2 Äpfel mit Schale grob dazu raspeln, sofort vermischen, zugedeckt beiseite stellen.

3 Rahm steif schlagen. Quark und Akazienblütenhonig mit dem Schneebesen luftig schlagen, wenn er zu dickflüssig ist, etwas Milch zugeben. Zuerst den Quark unter die Apfelsaftcreme rühren und dann den Schlagrahm unterziehen.

4 Geraspelte Äpfel in Gläser verteilen, Apfelsaftcreme darüber geben. Den restlichen Apfel vierteln, entkernen und in Schnitze schneiden, die Creme damit garnieren.

| 100 g enthalten | | | |
|---|---|---|---|
| Broteinheiten | 0,79 | Eiweiß | 1,66 g |
| Brotwert | 0,95 | Fett | 6,66 g |
| Energiewert | 446,13 kJ (106,45 kcal) | Kohlehydrate | 9,45 g |

1 Vanilleschote
½ l Milch
1 EL Maisstärke
2 Freilandeier
12 Tropfen Stevia
2–3 EL Agavendicksaft
oder
Akazienblütenhonig

Schlagrahm/-sahne
für die Garnitur
Kakaopulver zum Bestäuben

Die Vanilleschote längs aufschneiden und mit den restlichen Zutaten in einen weiten Topf geben, unter Rühren vor dem Siedepunkt erhitzen. Den Topf von der Wärmequelle nehmen, unter zeitweiligem Rühren auskühlen lassen. Schote entfernen. Vanillemark abstreifen und unter die Creme rühren.

### Schokoladencreme

Nach gleichem Rezept kann auch eine Schokoladencreme zubereitet werden. Vanilleschote durch 5 EL Kakaopulver ersetzen, das man im Topf zuerst mit der Milch glatt rührt. Besonders luftig wird die Creme, wenn man die Eier trennt und den steif geschlagenen Eischnee zum Schluss unterhebt.

| 100 g enthalten | | | |
|---|---|---|---|
| Broteinheiten | 2,21 | Eiweiß | 2,07 g |
| Brotwert | 2,66 | Fett | 21,17 g |
| Energiewert | 1281,26 kJ (306,04 kcal) | Kohlehydrate | 26,63 g |

# Vanillecreme

750 g Zwetschgen
4 Freilandeier
1 EL Agavendicksaft
oder Ahornsirup
oder Akazienhonig
20 Tropfen Stevia
1 Msp Vanillepulver
1 Msp Zimtpulver
1 Prise Meersalz
3 dl/300 ml Rahm/Sahne

1 Den Backofen auf 180 °C vorheizen.

2 Zwetschgen halbieren und entsteinen, den Stielansatz entfernen. Die Hälften mit der Rundung nach oben in eine eingefettete Auflaufform (etwa 17 cm Durchmesser) oder in Portionsschalen schichten.

3 Eier mit Agavendicksaft, Stevia, Vanille- und Zimtpulver, Salz und Rahm verquirlen, über die Zwetschgen gießen.

4 Auflaufform oder Portionsschalen in ein Wasserbad stellen, in den Backofen schieben und bei 180 °C 40 bis 50 Minuten pochieren.

| 100 g enthalten | | | |
|---|---|---|---|
| Broteinheiten | 0,70 | Eiweiß | 1,12 g |
| Brotwert | 0,82 | Fett | 8,99 g |
| Energiewert | 508,53 kJ (121,29 kcal) | Kohlehydrate | 8,18 g |

# Zwetschgenpudding

# Vanilleflan

für 4–6 Personen

½ Vanilleschote
2 dl/200 ml Milch
2 dl/200 ml Rahm/Sahne
3 Freilandeier
20 Tropfen Stevia
oder
ca. 4 EL Stevia-Auszug,
Rezept Seite 13
(dann nur 1½ dl/150 ml Milch
verwenden)
1–2 TL Akazienhonig
oder
Agavendicksaft

2–3 EL Mandelblättchen
Rahm/Sahne

1 Die Vanilleschote längs halbieren und mit der Milch und 1 dl/100 ml Rahm in einem Topf erwärmen (nicht kochen lassen). Den Topf beiseite stellen, die Flüssigkeit erkalten lassen. Die Vanilleschote entfernen, das Vanillemark abstreifen und zur Flüssigkeit geben.

2 Den Backofen auf 180 °C vorheizen.

3 Die Milch-Rahm-Mischung mit Eiern, Stevia und Akazienhonig verquirlen. Die Puddingförmchen (1½ bis 2 dl/150 bis 200 ml Inhalt) kalt ausspülen und die Flüssigkeit einfüllen.

4 Förmchen in eine große Gratinform stellen, bis auf drei Viertel Höhe mit heißem Wasser füllen, in der Mitte in den Backofen schieben. Flans bei 180 °C 25 bis 30 Minuten stocken lassen. Garprobe: mit einer Stricknadel in den Flan stechen; an der Nadel sollte nichts mehr haften. Die Flans auskühlen lassen.

5 Die Mandelblättchen in einer Bratpfanne trocken rösten.

6 Die Flans auf Dessertteller stürzen, mit Schlagrahm und Mandelblättchen verzieren.

| 100 g enthalten | | | |
|---|---|---|---|
| Broteinheiten | 0,50 | Eiweiß | 4,53 g |
| Brotwert | 0,63 | Fett | 24,95 g |
| Energiewert | 1120,95 kJ (267,71 kcal) | Kohlehydrate | 6,31 g |

# Schokoladen-terrine

für 6–8 Personen

100 g dunkle Schokolade (100 % Kakaoanteil)
40 g Butter
1 Eigelb
50 Tropfen Stevia
2–3 EL Akazienhonig
1½ dl/150 ml Rahm/Sahne

Schlagrahm/-sahne, Früchte oder Vanilleeis

1 Schokolade grob brechen, mit der Butter im heißen Wasserbad unter Rühren schmelzen.

2 Eigelb mit Stevia und Honig luftig aufschlagen. Schokoladenmasse unterrühren. Rahm steif schlagen und unterziehen.

3 Eine kleine Terrinenform (etwa 15 cm x 8 cm) mit Klarsichtfolie auskleiden. Die Schokomasse einfüllen, im Kühlschrank 5 bis 6 Stunden fest werden lassen.

4 Die Terrine stürzen, die Folie entfernen, in Stücke schneiden. Mit Rahm, marinierten Erdbeeren, Seite 45, oder anderen Früchten oder Vanilleeis servieren.

| | | | |
|---|---|---|---|
| Broteinheiten | 0,59 | Eiweiß | 3,35 g |
| Brotwert | 0,71 | Fett | 15,96 g |
| Energiewert | 781,01 kJ (186,51 kcal) | Kohlehydrate | 7,12 g |

# Zwetschgen-kompott

500 g Zwetschgen
12 Tropfen Stevia
oder
3–4 EL Stevia-Auszug, Rezept Seite 13
1 EL Birnendicksaft
1 Zimtstange

Zwetschgen halbieren und entsteinen, Stielansatz entfernen. Zwetschgenhälften mit Stevia, Birnendicksaft und Zimt aufkochen, bei schwacher Hitze weich kochen, ohne dass die Früchte zerfallen. Zimtstange entfernen.

Tipp Auch Birnen und Aprikosen können so zubereitet werden.

| 100 g enthalten | | | |
|---|---|---|---|
| Broteinheiten | 0,74 | Eiweiß | 0,35 g |
| Brotwert | 0,89 | Fett | 0,06 g |
| Energiewert | 169,69 kJ (40,38 kcal) | Kohlehydrate | 8,92 g |

# Apfel-Marroni-Mousse

250 g ungezuckertes Marroni-/Esskastanienpüree, Seite 32
150 g Mascarpone
2–3 EL Rahm/Sahne
2–3 säuerliche Äpfel
4 Tropfen Stevia
1 EL Agavendicksaft oder Akazienhonig
2 dl/200 ml Rahm/Sahne
1–2 EL Mandelstifte oder Mandelblättchen
Zimtpulver

1 Marronipüree, Mascarpone und Rahm glattrühren. Äpfel schälen, auf einer feinen Reibe direkt zum Püree reiben, vermengen. Stevia und Agavendicksaft dazugeben, gut verrühren. Den Rahm steif schlagen und unterziehen. Die Marronimousse 2 Stunden kühl stellen.

2 Mandelstifte in einer Pfanne ohne Fett hellbraun rösten.

3 Von der Marronimousse mit einem Eisportionierer (immer wieder in heißes Wasser tauchen) Kugeln abstechen, anrichten. Mit den Mandeln und wenig Zimtpulver bestreuen.

Tipp 2 Äpfel schälen, halbieren und das Kerngehäuse entfernen, im Dampf nicht zu weich garen und dann abkühlen lassen. Die Apfelhälften auf den Tellern anrichten. 1 bis 2 Esslöffel gehobelte Mandeln in einer Pfanne ohne Fett leicht rösten. Je eine Kugel Marronimousse auf jede Apfelhälfte legen, mit gehobelten Mandeln verzieren.

| 100 g enthalten | | | |
|---|---|---|---|
| Broteinheiten | 0,86 | Eiweiß | 3,12 g |
| Brotwert | 1,03 | Fett | 10,39 g |
| Energiewert | 620,07 kJ (148,19 kcal) | Kohlehydrate | 10,34 g |

# Crêpes

mit Erdbeeren

**Teig**

- 60 g Dinkelweißmehl/ Mehl Type 405
- 10–12 Tropfen Stevia
- 1 Prise Meersalz
- 1 Freilandei
- 2½ dl/250 ml Milch
- 3 EL Doppelrahm/Crème double

Butter zum Braten

**Füllung**

- 500 g Erdbeeren
- 2 EL Agavendicksaft oder Ahornsirup
- 8 Tropfen Stevia oder 2 EL Stevia-Auszug, Rezept Seite 13
- 2 EL Zitronensaft
- 8 frische Pfefferminzblätter

1 Für den Crêpeteig Mehl, Stevia, Salz, Ei, Milch und Doppelrahm in einer Schüssel glattrühren, Teig etwa 10 Minuten zugedeckt ruhen lassen.

2 Den Backofen auf 80 °C vorheizen.

3 Etwas Butter in einer kleinen beschichteten Pfanne zerlassen. Ein Achtel der Teigmasse hineingeben, unter Bewegen der Pfanne Teig dünn auslaufen lassen, bei schwacher Hitze 2 bis 4 Minuten backen. Crêpe wenden und fertig backen, etwa 1 Minute. Crêpe auf einen Teller legen, im Ofen warm stellen. Restliche Crêpes gleich backen, warm stellen.

4 Agavendicksaft oder Ahornsirup, Stevia und Zitronensaft verrühren. Die Erdbeeren entstielen und in Scheiben schneiden, mit der Sauce vermengen, 10 Minuten ziehen lassen.

5 Je Person 2 Crêpes füllen, dazu Erdbeeren mit etwas Sauce auf jede Crêpe geben und diese zuerst zur Hälfte, dann nochmals zur Hälfte einschlagen. Mit je einem Pfefferminzblatt garnieren.

| 100 g enthalten | | | |
|---|---|---|---|
| Broteinheiten | 1,10 | Eiweiß | 2,10 g |
| Brotwert | 1,22 | Fett | 2,51 g |
| Energiewert | 360,12 kJ (86,05 kcal) | Kohlehydrate | 12,23 g |

# Orangensoufflé

für 6 Personen

3 unbehandelte Orangen
40 Tropfen Stevia
2 EL Rum oder Orangenlikör
½ Vanilleschote
2½ dl/250 ml Milch
4 Freilandeier
1–2 EL Akazienblütenhonig oder Agavendicksaft
1 gehäufter EL Mehl
1 gehäufter EL Maisstärke

Butter und Zucker für die Förmchen

1 6 Souffléförmchen mit etwas Butter ausstreichen und mit dem Zucker ausstreuen, den überschüssigen Zucker ausklopfen. Die Förmchen kühl stellen.

2 Orangenschalen fein abreiben. Den Saft einer Orange auspressen, mit den Schalen in einen kleinen Topf geben und bei mittlerer Hitze 3 bis 5 Minuten kochen, 30 Tropfen Stevia und Rum unterrühren, den Topf beiseite stellen.

3 Die Vanilleschote aufschneiden, Mark abstreifen. Mark und Schote mit der Milch aufkochen, von der Wärmequelle nehmen, 5 Minuten ziehen lassen.

4 Die Eier trennen. Eigelbe, 10 Tropfen Stevia und Akazienhonig mit dem Handrührgerät schaumig schlagen. Mehl und Maisstärke unterrühren. Milch nochmals erhitzen, die Eigelbmasse einlaufen lassen, unter Rühren unter dem Siedepunkt köcheln, bis die Creme bindet. Creme in eine Schüssel umgießen. Orangensaft unterrühren. Die Creme rühren, bis sie ausgekühlt ist.

5 Den Backofen auf 180 °C vorheizen.

6 Das Eiweiß steif schlagen, sorgfältig unter die Soufflémasse ziehen, bis zum Rand in die vorbereiteten Förmchen füllen.

7 Förmchen sofort auf der zweituntersten Schiene in den Backofen schieben, Soufflés bei 180 °C 12 bis 15 Minuten backen. Sofort servieren.

| | | | |
|---|---|---|---|
| Broteinheiten | 1,51 | Eiweiß | 2,63 g |
| Brotwert | 1,81 | Fett | 1,36 g |
| Energiewert | 466,61 kJ (111,39 kcal) | Kohlehydrate | 18,12 g |

# Rosinen-Eiscake

für 6 Personen

3 EL Wasser
2 EL Rum
12 Tropfen Stevia
300 g Rosinen
½ l Rahm/Sahne
1 TL Rum
8 Tropfen Stevia

1 Wasser und Rum mit 12 Tropfen Stevia aufkochen, Rosinen zugeben, zugedeckt beiseite stellen, 1 Stunde marinieren.

2 200 g Rosinen pürieren, restliche Rosinen beiseite stellen. 3½ dl/350 ml Rahm steif schlagen, mit den pürierten Rosinen mischen. Cakeform mit Klarsichtfolie auskleiden. Etwa ein Drittel der Masse in die Form füllen, 30 Minuten gefrieren lassen. Restlichen Rosinenrahm kalt stellen.

3 Den restlichen Rahm mit dem Rum (1 TL) und den 8 Steviatropfen steif schlagen, auf die vorgefrorene Rosinenmasse verteilen. Die restlichen Rosinen in den Rahm drücken, Eiscake weitere 30 Minuten gefrieren lassen.

4 Den restlichen Rosinenrahm einfüllen und glatt streichen. Die Folie einschlagen, Eiscreme 6 Stunden gefrieren lassen.

5 Den Eiscake 30 Minuten vor dem Anrichten in den Kühlschrank stellen, dann auf eine Platte stürzen. Folie entfernen, Cake in 2 cm dicke Scheiben schneiden.

| 100 g enthalten | | | |
|---|---|---|---|
| Broteinheiten | 2,75 | Eiweiß | 1,23 g |
| Brotwert | 3,31 | Fett | 0,30 g |
| Energiewert | 681,10 kJ (162,73 kcal) | Kohlehydrate | 33,10 g |

# Mangoeis

für 4–6 Personen

2 reife Mangos, 400 g Fruchtfleisch
2 EL Birnendicksaft
25 Tropfen Stevia
2 EL Orangensaft
100 g Naturjoghurt
(bei Zubereitung in der Eismaschine 1 dl/100 ml Milch)
6 EL Zitronensaft
1 dl/100 ml Rahm/Sahne

1 Mangos mit dem Sparschäler schälen. Das Fruchtfleisch in Schnitzen vom Stein schneiden und klein schneiden. Mangostücke, Birnendicksaft, Stevia und Orangensaft fein pürieren.

2 Joghurt, Mangopüree und Zitronensaft verrühren. Rahm steif schlagen und unterziehen (bei Verwendung einer Eismaschine muss der Rahm nicht geschlagen werden).

3 Die Mangomasse in eine geeignete Tiefkühldose füllen, im Tiefkühler fest werden lassen. Das Eis nach etwa 1 Stunde mit einer Gabel gut durchrühren, innerhalb je einer Stunde noch 2 Mal wiederholen. Gefrierzeit: 3 bis 4 Stunden.

Tipp Dieses Eis kann auch mit anderen Früchten zubereitet werden. Bei weniger süßen Früchten braucht man etwas mehr Birnendicksaft und Stevia.

| | | | |
|---|---|---|---|
| Broteinheiten | 1,46 | Eiweiß | 2,44 g |
| Brotwert | 1,75 | Fett | 7,88 g |
| Energiewert | 654,51 kJ (156,23 kcal) | Kohlehydrate | 17,52 g |

# Mandarinenparfait

für 6 Personen

6–8 Mandarinen
25 Tropfen Stevia
oder
5–6 EL Stevia-Auszug,
Rezept Seite 13
4 Eigelbe von Freilandeiern
3 EL Agavendicksaft
3½ dl/350 ml Rahm/Sahne
½ TL gemahlene Bourbon-Vanille

1 6 Mandarinen einen Deckel abschneiden. Fruchtfleisch mit einem Kaffeelöffel herauslösen und durch ein Sieb streichen, Saft auffangen. Man benötigt 2½ dl/250 ml Saft. Wenn diese Menge noch nicht erreicht ist, weitere 1 bis 2 Mandarinen auspressen.

2 Mandarinensaft mit 15 Tropfen Stevia (oder 3 EL Stevia-Auszug) aufkochen, bei starker Hitze auf 1½ dl/150 ml einkochen lassen, beiseite stellen und auskühlen lassen.

3 Eigelbe mit Agavendicksaft und restlichem Stevia zu einer schaumigen Masse aufschlagen. Mandarinensaft unterrühren.

4 Rahm und Vanille steif schlagen, unter die Mandarinencreme ziehen. Die Masse in die ausgehöhlten Mandarinen füllen, 4 Stunden oder länger tiefkühlen. Mandarinen zum Antauen 10 Minuten vor dem Servieren in den Kühlschrank stellen.

| | | | |
|---|---|---|---|
| Broteinheiten | 1,10 | Eiweiß | 4,02 g |
| Brotwert | 1,31 | Fett | 21,92 g |
| Energiewert | 1109,83 kJ (264,73 kcal) | Kohlehydrate | 13,07 g |

# Rhabarbereis

## mit Erdbeeren

250 g Rhabarber
1–2 EL Wasser
2 EL Birnendicksaft
20 Tropfen Stevia
2–3 EL Sauermilch
1 dl/100 ml Rahm/Sahne
500 g Erdbeeren
wenig schwarzer Pfeffer
2 EL Agavendicksaft, Ahornsirup
oder Akazienhonig
8 Tropfen Stevia
oder
1–2 EL Stevia-Auszug,
Rezept Seite 13

1 Rhabarber schälen und in kleine Stücke schneiden, mit Wasser und Birnendicksaft zugedeckt bei schwacher Hitze kochen, bis der Rhabarber weich ist. Das Kompott mit Stevia süßen und auskühlen lassen.

2 Rahm steif schlagen. Zuerst die Sauermilch unter das Rhabarberkompott rühren, dann den Rahm unterheben.

3 Eine kleine Cakeform mit Klarsichtfolie auskleiden. Rhabarbermasse in die Form füllen, im Tiefkühler 3 Stunden fest werden lassen.

4 Die Erdbeeren in Scheiben schneiden, mit wenig schwarzem Pfeffer würzen und mit Agavendicksaft und Stevia süßen. 30 Minuten marinieren.

5 Rhabarbereis 30 Minuten vor dem Servieren im Kühlschrank antauen lassen, stürzen. Folie entfernen, Rhabarbereis in Scheiben schneiden, auf Tellern anrichten, mit den Erdbeeren umgeben.

Tipp Anstelle von Rhabarber können auch Erdbeeren oder andere Beeren verwendet werden.

| 100 g enthalten | | | |
|---|---|---|---|
| Broteinheiten | 0,50 | Eiweiß | 0,99 g |
| Brotwert | 0,63 | Fett | 3,44 g |
| Energiewert | 262,63 kJ (62,67 kcal) | Kohlehydrate | 6,32 g |

# Kleingebäck – Kuchen

# Mandeltaler

100 g zimmerwarme Butter
1 Freilandei
20 Tropfen Stevia
2 EL Akazienblütenhonig oder Agavendicksaft oder Ahornsirup
1 Prise Meersalz
1 Prise Nelkenpulver
1 Prise Zimtpulver
125 g geriebene Mandeln oder Haselnüsse
150 g Dinkelvollkornmehl oder Dinkelruchmehl/Mehl Type 1050 oder Dinkelweißmehl/Mehl Type 630
1 Eigelb von einem Freilandei

1 Butter, Ei, Stevia, Akazienhonig, Salz, Nelken- und Zimtpulver glattrühren. Die Mandeln und das Mehl dazugeben, zu einem festen Teig zusammenfügen, dann eine Rolle von 4 cm Durchmesser formen und in Klarsichtfolie einwickeln, 30 Minuten kühl stellen.

2 Den Backofen auf 200 °C vorheizen. Ein Backblech mit Backpapier belegen.

3 Teigrolle in 7 bis 8 mm dicke Scheiben schneiden, auf das Backblech legen. Die Mandeltaler mit Eigelb bestreichen.

4 Das Blech in der Mitte in den Ofen schieben. Die Mandeltaler bei 200 °C 12 Minuten backen.

| 100 g enthalten | | | |
|---|---|---|---|
| Broteinheiten | 2,30 | Eiweiß | 10,70 g |
| Brotwert | 2,69 | Fett | 34,58 g |
| Energiewert | 1918,49 kJ (458,20 kcal) | Kohlehydrate | 26,87 g |

# Zimtsterne

**Teig**

2 Eiweiß von Freilandeiern
20 Tropfen Stevia
2 EL Agavendicksaft oder Akazienhonig
125 g geriebene Mandeln
½ TL Zimtpulver
1 Prise Nelkenpulver
½ unbehandelte Zitrone, abgeriebene Schale und 1 EL Saft

**Glasur**

1 EL Wasser
1 EL Zitronensaft
ca. 100 g Puderzucker

1 Eiweiß steif schlagen, die Steviatropfen unterrühren. Agavendicksaft, Mandeln, Zimt- und Nelkenpulver, Zitronenschalen und 1 EL Zitronensaft vorsichtig unterziehen. 30 Minuten kühl stellen.

2 Backofen auf 140 °C vorheizen. Ein Backblech mit Backpapier belegen.

3 Teig zwischen zwei Klarsichtfolien etwa 5 mm dick ausrollen und Sterne ausstechen. Zimtsterne auf das Backblech legen.

4 Das Backblech auf der zweituntersten Schiene in den Backofen schieben, Zimtsterne bei 140 °C etwa 20 Minuten trocknen.

5 Für die Glasur das Wasser und den Zitronensaft glattrühren, so viel Puderzucker unterrühren, bis die Masse dickflüssig ist. Sterne mit der Glasur bestreichen.

| 100 g enthalten | | | |
|---|---|---|---|
| Broteinheiten | 3,13 | Eiweiß | 8,86 g |
| Brotwert | 3,76 | Fett | 19,12 g |
| Energiewert | 1501,96 kJ (358,61 kcal) | Kohlehydrate | 37,57 g |

150 g Haferflocken
100 g geriebene Mandeln
50 g Sonnenblumenkerne
100 g gemischte, ungeschwefelte Dörrfrüchte: Aprikosen, Pflaumen, Feigen, Datteln
2 EL Akazienblütenhonig
15 Tropfen Stevia oder 4 EL Stevia-Auszug, Rezept Seite 13
2–3 dl/200–300 ml Milch
75 g Dinkelvollkorn- oder Dinkelruchmehl/ Mehl Type 1050

**1** Haferflocken, Mandeln und Sonnenblumenkerne in einer Schüssel mischen. Trockenfrüchte kleinschneiden und dazugeben. Akazienhonig, Stevia und Milch unterrühren. Mehl nach und nach unterrühren.

**2** Den Backofen auf 200 °C vorheizen. Den Rücken eines großen rechteckigen Backblechs mit Backpapier belegen.

**3** Teig auf dem Backpapier fingerdick ausstreichen. Blech in der Mitte in den Backofen schieben und bei 200 °C 20 bis 25 Minuten backen.
Das Blech aus dem Ofen nehmen und das noch warme Gebäck in beliebig große Riegel schneiden.

| 100 g enthalten | | | |
|---|---|---|---|
| Broteinheiten | 2,76 | Eiweiß | 9,14 g |
| Brotwert | 3,32 | Fett | 12,18 g |
| Energiewert | 1176,34 kJ (280,87 kcal) | Kohlehydrate | 33,21 g |

# Power-Riegel

# Muffins

## mit Dörrfrüchten

für 12 Stück

150 g Dörrfrüchte,
z. B. Feigen, Datteln,
Pflaumen, Rosinen
250 g Dinkelweißmehl/
Mehl Type 630
oder
Dinkelruchmehl/Mehl Type 1050
3 TL phosphatfreies Backpulver
1 Msp Meersalz
½ TL Zimtpulver
½ TL Lebkuchengewürzmischung
60 g flüssige Butter
3½ dl/350 ml Milch
30 Tropfen Stevia

1 Den Backofen auf 180 °C vorheizen.

2 Die Dörrfrüchte am besten in einem Blitzhacker fein zerkleinern.

3 Dörrfrüchte, Mehl, Backpulver, Salz, Zimt sowie Lebkuchengewürz in einer Schüssel mischen. Butter, Milch und Stevia verquirlen, unterrühren.

4 Muffinblech einfetten oder 3 Muffin-Papierförmchen (für eine schöne Form) ineinanderstecken. Mit dem Teig füllen.

5 Die Muffins in der Mitte in den Ofen schieben, bei 180 °C 25 bis 30 Minuten backen.

Tipp Die Muffins schmecken zum Frühstück ebenso wie als Snack oder als Dessert. Sie eignen sich auch zum Einfrieren.

| | | | |
|---|---|---|---|
| Broteinheiten | 2,10 | Eiweiß | 3,52 g |
| Brotwert | 2,45 | Fett | 4,53 g |
| Energiewert | 648,92 kJ (155,08 kcal) | Kohlehydrate | 24,49 g |

## Waffeln – Brezeln

125 g zimmerwarme Butter
2 Freilandeier
40 Tropfen Stevia
2–3 EL Akazienhonig
1 Prise Meersalz
½ unbehandelte Zitrone
250 g Dinkelweißmehl/
Mehl Type 630

1 Butter, Eier, Stevia, Akazienhonig und Salz glattrühren. Abgeriebene Zitronenschalen und Mehl unterrühren. Den Teig 30 Minuten ruhen lassen.

2 Aus dem Teig kleine Kugeln formen, nacheinander auf das Waffel-/Brezeleisen legen, hellbraun backen.

Tipp Waffeln/Brezeln immer frisch zubereiten, sie werden schnell weich.

| 100 g enthalten | | | |
|---|---|---|---|
| Broteinheiten | 2,80 | Eiweiß | 7,85 g |
| Brotwert | 3,34 | Fett | 21,86 g |
| Energiewert | 1511,68 kJ (361,19 kcal) | Kohlehydrate | 33,39 g |

## Lebkuchen

Backblech 36 x 40 cm

500 g Dinkelruchmehl/
Mehl Type 1050
1 EL phosphatfreies Backpulver
4 EL Lebkuchengewürz
2 EL Kakaopulver
4 EL Oliven- oder Rapsöl
50 Tropfen Stevia
5 EL Akazienhonig
4 dl/400 ml Milch

1 Mehl, Backpulver, Lebkuchengewürz und Kakaopulver in einer Schüssel mischen und eine Vertiefung in die Mitte drücken. Öl, Stevia und Honig in die Vertiefung geben. Die Milch langsam dazugeben, gut rühren, bis die Masse zähflüssig ist. Den Teig mit einem Holzlöffel schlagen, bis sich Luftblasen bilden.

2 Ein Backblech mit Backpapier belegen, den Teig darauf verteilen.

3 Das Backblech auf der zweituntersten Schiene in den kalten Ofen schieben, den Lebkuchen bei 200 °C 20 Minuten backen.

4 Lebkuchen auskühlen lassen, in beliebig große Stücke schneiden.

| 100 g enthalten | | | |
|---|---|---|---|
| Broteinheiten | 2,96 | Eiweiß | 7,16 g |
| Brotwert | 3,55 | Fett | 7,34 g |
| Energiewert | 997,20 kJ (238,26 kcal) | Kohlehydrate | 35,53 g |

100 g Butter
12 Tropfen Stevia
4 EL Akazienhonig
280 g Datteln
120 g Reis-Crispies

1 Die Datteln entsteinen und grob hacken.

2 Ein großes rechteckiges Backblech einfetten.

3 Butter, Stevia und Honig in einem Topf erwärmen. Datteln dazugeben, bei schwacher Hitze unter ständigem Rühren köcheln, bis sie weich sind. Den Topf von der Wärmequelle nehmen, Reis-Crispies unterrühren.

4 Die noch warme Dattel-Crispy-Masse sofort etwa 2 cm hoch auf dem eingefetteten Backblech ausstreichen, auskühlen lassen. Die erkaltete Masse in kleine Quadrate schneiden.

| 100 g enthalten | | | |
|---|---|---|---|
| Broteinheiten | 5,00 | Eiweiß | 2,47 g |
| Brotwert | 5,88 | Fett | 15,30 g |
| Energiewert | 1616,79 kJ (385,89 kcal) | Kohlehydrate | 58,83 g |

# Dattel-Crispies

# Birnenwecken

**Hefeteig**
10 g Bio-Frischhefe
2 EL lauwarmes Wasser
40 g Butter
2 dl/200 ml Milch
325–350 g Dinkelruchmehl/ Mehl Type 1050
½ TL Meersalz
5 Tropfen Stevia

**Füllung**
80 g Dörrbirnen
80 g getrocknete Feigen
1 dl/100 ml Wasser
10 Tropfen Stevia
oder
2–3 EL Stevia-Auszug, Rezept Seite 13
(dann nur 0,7 dl/70 ml Wasser)
3 EL geriebene Mandeln
1 Prise Zimtpulver
oder
Birnenweckengewürz/ Früchtebrotgewürz (Reformhaus)

1 Harte Dörrbirnen über Nacht in warmem Wasser einweichen. Bei den Birnen und den Feigen den Stielansatz wegschneiden, Früchte kleinschneiden. Früchte, Wasser und Stevia bei schwacher Hitze weichkochen, mit dem Stabmixer pürieren, erkalten lassen. Mandeln unterrühren, mit Zimt würzen.

2 Hefe mit dem Wasser verrühren. Butter in einem Topf bei schwacher Hitze zerlassen, beiseite stellen und die Milch zufügen.

3 Das Mehl mit dem Salz in einer Schüssel mischen. Hefe, Stevia und Butter-Milch-Mischung dazugeben, zu einem geschmeidigen Teig kneten. Schüssel mit einem feuchten Tuch bedecken, Hefeteig bei Zimmertemperatur etwa 30 Minuten gehen lassen.

4 Den Hefeteig 5 mm dick ausrollen, 2 gleich große Rechtecke oder beliebig große Rechtecke schneiden. Fruchtmasse auf dem Teig ausstreichen, Schmalseiten einschlagen, dann längs aufrollen. Auf ein eingefettetes Backblech legen, 15 Minuten ruhen lassen.

5 Den Backofen auf 200 °C Umluft vorheizen.

6 Birnenwecken mit Wasser bepinseln, mit einer Gabel ein paarmal einstechen. In der Ofenmitte bei 200 °C je nach Größe 20 bis 30 Minuten backen. Bei Ober- und Unterhitze das Blech auf der untersten Schiene einschieben und nach dem Aufheizen ohne Unterhitze backen.

| 100 g enthalten | | | |
|---|---|---|---|
| Broteinheiten | 3,10 | Eiweiß | 6,70 g |
| Brotwert | 3,61 | Fett | 7,21 g |
| Energiewert | 992,39 kJ (237,02 kcal) | Kohlehydrate | 36,12 g |

# Kokosguetzli

125 g weiche Butter
2 EL Agavendicksaft
15 Tropfen Stevia
oder
3–4 EL Stevia-Auszug,
Rezept Seite 13
1 TL Bourbon-Vanille
1 Prise Meersalz
2 Freilandeier
1 unbehandelte Zitrone,
abgeriebene Schale
200 g Dinkelhalbweißmehl/
Mehl Type 1050 oder
Dinkelweißmehl/
Mehl Type 630
½ TL phosphatfreies Backpulver
100 g Kokosraspel

1 Butter, Agavendicksaft, Stevia, Vanille und Salz glattrühren. Eier und Zitronenschalen dazugeben, luftig aufschlagen.

2 Mehl, Backpulver und Kokosraspeln mischen und löffelweise unter die Butter-Eier-Masse rühren. Zu einem glatten, geschmeidigen Teig verarbeiten. Mindestens 1 Stunde kühl stellen.

3 Den Backofen auf 180 °C vorheizen.

4 Backblech mit Backpapier belegen. Teig portionsweise auf leicht bemehlter Arbeitsfläche 3 bis 4 mm dick ausrollen. Beliebig große Rondellen ausstechen, mit genügend Abstand auf das Blech legen.

5 Kokosguetzli in der Mitte in den Ofen schieben, 10 Minuten bei 180 °C backen.

| 100 g enthalten | | | |
|---|---|---|---|
| Broteinheiten | 2,30 | Eiweiß | 7,02 g |
| Brotwert | 2,74 | Fett | 29,03 g |
| Energiewert | 1665,91 kJ (397,87 kcal) | Kohlehydrate | 27,42 g |

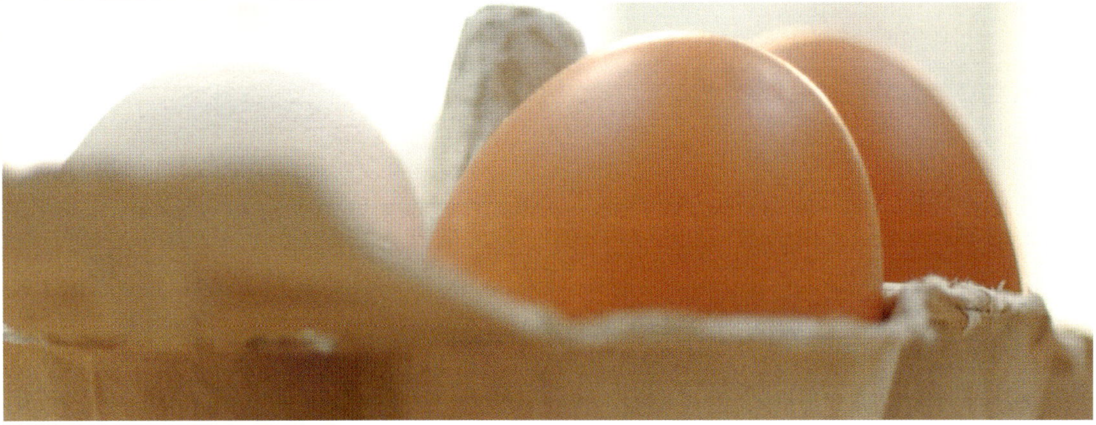

# Mailänderli

- 80 g weiche Butter
- 1 Freilandei
- 20 Tropfen Stevia
- 3 EL Akazienhonig oder Agavendicksaft
- 150 g Dinkelweißmehl/Mehl Type 630
- 1 Eigelb zum Bepinseln

1 Butter, Ei, Stevia und Akazienhonig zu einer luftigen Masse rühren, Mehl zugeben und zu einem weichen Teig zusammenfügen. Mailänderliteig in Klarsichtfolie wickeln und 1 Stunde kühl stellen.

2 Den Backofen auf 180 °C vorheizen.

3 Ein großes rechteckiges Backblech mit Backpapier belegen.

4 Teig auf wenig Mehl 2 bis 3 mm dick ausrollen, beliebige Formen ausstechen, auf das Blech legen, mit Eigelb bepinseln.

5 Mailänderli in der Mitte in den Ofen schieben, bei 180 °C 10 bis 15 Minuten backen. Auf einem Kuchengitter erkalten lassen.

| 100 g enthalten | | | |
|---|---|---|---|
| Broteinheiten | 3,35 | Eiweiß | 7,35 g |
| Brotwert | 4,03 | Fett | 23,03 g |
| Energiewert | 1662,50 kJ (397,23 kcal) | Kohlehydrate | 40,30 g |

# Quittenkuchen

für eine Kuchenform
von 26 cm Durchmesser

250 g Blätterteig

350–400 g Quitten
2 dl/200 ml Wasser
1 EL Birnendicksaft
10 Tropfen Stevia oder
ca. 2 EL Stevia-Auszug,
Rezept Seite 13

Guss
1 Freilandei
3 EL Vollmilchquark
1 dl/100 ml Rahm/Sahne
12 Tropfen Stevia
1 EL Birnendicksaft
1 Eigelb von einem Freilandei

1 Den Blätterteig rund ausrollen und in die Form legen. Kühl stellen.

2 Den Flaum der Quitten mit einem trockenen Tuch abreiben, Früchte schälen, vierteln und das Kerngehäuse großzügig wegschneiden, Viertel in Schnitze schneiden. Wasser, Birnendicksaft und Stevia in einem Topf aufkochen, die Quittenschnitze darin weich garen, dann in einem Sieb abtropfen lassen.

3 Den Backofen auf 200 °C vorheizen.

4 Für den Guss sämtliche Zutaten verrühren.

5 Quittenschnitze auf den Teigboden verteilen, den Guss darübergießen.

6 Quittenkuchen auf der zweituntersten Schiene in den Ofen schieben, bei 200 °C 25 bis 30 Minuten backen.

| 100 g enthalten | | | |
|---|---|---|---|
| Broteinheiten | 0,84 | Eiweiß | 2,35 g |
| Brotwert | 1,01 | Fett | 11,46 g |
| Energiewert | 640,48 kJ (153,17 kcal) | Kohlehydrate | 10,08 g |

# Rahmfladen

für eine Kuchenform
von 23 cm Durchmesser

Hefeteig
10 g Bio-Frischhefe
etwas lauwarmes Wasser
150 g Dinkelweißmehl/
Mehl Type 630
1 Msp Meersalz
20 g Butter
10 Tropfen Stevia
oder
2–3 EL Stevia-Auszug,
Rezept Seite 13
1 dl/100 ml Milch

Guss
2 dl/200 ml Rahm/Sahne
1 dl/100 ml Milch
1 Freilandei
12 Tropfen Stevia
1 EL Akazienblütenhonig oder
Agavendicksaft, nach Belieben

1 Die Hefe in wenig Wasser auflösen. Das Mehl in einer Schüssel mit dem Salz mischen. Die Butter in einem Pfännchen schmelzen, die Milch und das Stevia dazugeben, mit der Hefe zum Mehl geben. Alles zu einem geschmeidigen Teig verarbeiten. Den Teig auf bemehlter Arbeitsfläche kräftig kneten, in die Schüssel legen, diese mit einem feuchten Tuch bedecken, den Teig 1 Stunde gehen lassen, bis er etwa das doppelte Volumen hat.

2 Kuchenform (oder den Boden einer Springform) mit Backpapier belegen. Den Hefeteig ausrollen und in das Blech legen, den Rand umschlagen, sodass er die doppelte Dicke bekommt. Die Form mit einem feuchten Tuch bedecken und den Teig nochmals 1 Stunde gehen lassen.

3 Rahm, Milch, Ei, Stevia und Honig verrühren und auf den Teigboden gießen.

4 Rahmfladen auf der zweituntersten Schiene in den kalten Ofen schieben. Ofen auf 180 °C aufheizen, den Kuchen 30 bis 40 Minuten backen, bis die Oberfläche goldbraun ist. Der Rahmfladen schmeckt lauwarm und kalt.

| 100 g enthalten | | | |
|---|---|---|---|
| Broteinheiten | 1,80 | Eiweiß | 5,56 g |
| Brotwert | 2,12 | Fett | 12,44 g |
| Energiewert | 916,26 kJ (218,83 kcal) | Kohlehydrate | 21,20 g |

# Linzertorte

für eine Springform
von 24 cm Durchmesser

Teig
200 g zimmerwarme Butter
1 Freilandei
2 EL Agavendicksaft
22 Tropfen Stevia
1 Prise Meersalz
½ unbehandelte Zitrone,
abgeriebene Schale
½ TL Zimtpulver
1 Prise Nelkenpulver
200 g Dinkelweißmehl/
Mehl Type 630
200 g geriebene Haselnüsse
oder Mandeln
eventuell 3–4 EL Milch

Füllung
200 g Himbeer- oder
Aprikosenaufstrich,
Rezept Seite 107, oder
gekaufter reiner Fruchtaufstrich
ohne Zucker

1 Die Butter glattrühren. Ei, Agavendicksaft, Stevia und Salz hinzufügen, luftig aufschlagen. Zitronenschalen, Zimt- und Nelkenpulver dazu geben. Mehl und Haselnüsse nach und nach unter die Masse mischen. Falls der Teig zu trocken ist, 3 bis 4 Esslöffel Milch hinzufügen. Zu einem weichen Teig kneten und diesen 30 Minuten kühl stellen.

2 Den Backofen auf 180 °C vorheizen.

3 Eine Springform oder ein kleines rundes Kuchenblech einfetten, drei Viertel des Teigs in der Form mit einem kleinen Teigroller ausrollen. Den Teigboden mit Fruchtaufstrich bestreichen, rundum etwa 2 cm Rand frei lassen. Vom restlichen Teig (für die Garnitur ein etwa eigroßes Stück beiseite legen) eine Rolle formen, diese auf den Rand setzen, leicht andrücken, mit dem Messer gleichmäßig eindrücken.

4 Restlichen Teig ausrollen, Herzchen oder beliebige Formen ausstechen, auf die Linzertorte legen.

5 Linzertorte auf der untersten Schiene in den Ofen schieben, etwa 30 Minuten bei 180 °C backen.

Tipp Die Linzertorte schmeckt auch mit Dinkelvollkornmehl sehr gut.

| 100 g enthalten | | | |
|---|---|---|---|
| Broteinheiten | 1,81 | Eiweiß | 5,85 g |
| Brotwert | 2,17 | Fett | 31,08 g |
| Energiewert | 1624,78 kJ (388,24 kcal) | Kohlehydrate | 21,74 g |

# Apfelpie

für eine Springform
von 24 cm Durchmesser

500 g Dinkelblätterteig
(Reformhaus oder Bioladen)

Füllung
4–5 säuerliche Äpfel
3 EL Sultaninen
1 TL Zimtpulver
24 Tropfen Stevia
2 EL Akazienblütenhonig, nach Belieben
2 EL Zitronensaft

1 Die Äpfel waschen, mit Schale auf der Röstiraffel grob raspeln. Sultaninen, Zimtpulver, Stevia, Akazienhonig und Zitronensaft zugeben, gut mischen.

2 Den Backofen auf 200 °C vorheizen.

3 300 g Blätterteig rund und groß genug ausrollen, dass der Rand über die Füllung gelegt werden kann. Die Springform kalt ausspülen und die Teigrondelle hineinlegen. Die Apfelfüllung darauf verteilen. Den Teig darüberlegen, mit wenig Wasser bepinseln. Den restlichen Teig rund ausrollen, auf die Füllung legen und den Rand andrücken. Aus den Teigresten Verzierungen ausstechen, mit wenig Wasser bepinselt auf den Deckel drücken.

4 Apfelpie in der Mitte in den Backofen schieben, bei 200 °C 25 Minuten backen.

| 100 g enthalten | | | |
|---|---|---|---|
| Broteinheiten | 1,88 | Eiweiß | 1,99 g |
| Brotwert | 2,26 | Fett | 13,90 g |
| Energiewert | 938,09 kJ (224,35 kcal) | Kohlehydrate | 22,62 g |

# Japonaiseböden

Kuchenblech 36 cm x 40 cm

- 3 Eiweiß von Freilandeiern
- 12 Tropfen Stevia
- 2 EL Agavendicksaft
- 60 g geriebene Mandeln

1 Den Ofen auf 120 °C vorheizen. Eiweiß steif schlagen und Stevia tropfenweise dazugeben, weiterschlagen, den Agavendicksaft und die geriebenen Mandeln unterziehen. Die Eischneemasse in Spritzsack mit kleiner Lochtülle füllen und auf ein mit Backpapier belegtes Blech schneckenförmige Rondellen von etwa 5 cm Durchmesser spritzen.

2 Japonaiseböden in der Mitte in den Ofen schieben, bei 120 °C 25 bis 30 Minuten trocknen lassen. Im ausgeschalteten Backofen auskühlen lassen.

| 100 g enthalten | | | |
|---|---|---|---|
| Broteinheiten | 1,08 | Eiweiß | 11,80 g |
| Brotwert | 1,31 | Fett | 16,75 g |
| Energiewert | 1042,62 kJ (249,08 kcal) | Kohlehydrate | 13,06 g |

# Brotkuchen/ Torta di Pane

für eine Springform von 20 cm Durchmesser

- 200 g altbackenes Brot
- ½ l Milch
- 1 Freilandei
- 15 Tropfen Stevia
- 1 EL Amaretto
- 1 EL Kakaopulver
- 50 g geriebene Mandeln
- 150 g Rosinen
- 1 Handvoll Mandelsplitter
- 10–20 g Butter

1 Den Backofen auf 180 °C vorheizen.

2 Das Brot mit der heißen Milch übergießen, etwa 30 Minuten quellen lassen, dann mit einer Gabel zerpflücken. Ei, Stevia, Amaretto, Kakao, Mandeln und Rosinen untermischen.

3 Die Brotmasse in die eingefettete Springform füllen, Mandelsplitter und in Stückchen geschnittene Butter darüber verteilen.

4 Brotkuchen in der Mitte in den Ofen schieben, bei 180 °C etwa 35 Minuten backen.

| 100 g enthalten | | | |
|---|---|---|---|
| Broteinheiten | 1,80 | Eiweiß | 6,00 g |
| Brotwert | 2,17 | Fett | 8,59 g |
| Energiewert | 810,11 kJ (193,42 kcal) | Kohlehydrate | 21,68 g |

# Apfelkuchen

für eine Kuchenform von 24 cm Durchmesser

**Geriebener Teig/ Mürbeteig**

250 g Dinkelweißmehl/ Mehl Type 630
120 g kalte Butterstückchen
1 Prise Meersalz
15 Tropfen Stevia
1 Freilandei
1–2 EL Wasser

**Belag**

4–5 Äpfel
1 EL Akazienblütenhonig, Agavendicksaft oder Birnendicksaft
1 EL Stevia-Auszug, Rezept Seite 13, oder
4 Tropfen Stevia
150 g Rosinen

1 Mehl und Butter krümelig reiben, Salz, Stevia, Ei sowie Wasser zugeben, rasch zu einem Teig zusammenfügen. Den Teig zwischen zwei Klarsichtfolien auf Formgröße ausrollen, eine Folie entfernen. Die Teigrondelle in die eingefettete Form stürzen, zweite Folie entfernen, 20 Minuten oder länger kühl stellen.

2 Äpfel schälen, vierteln und entkernen, Fruchtviertel quer in nicht zu feine Scheiben schneiden, mit Akazienhonig und Stevia in einer Pfanne 2 Minuten dünsten, auskühlen lassen.

3 Den Backofen auf 250 °C vorheizen.

4 Teigboden mit den Rosinen bedecken, die Äpfel darauf verteilen.

5 Den Apfelkuchen auf der zweituntersten Schiene in den Ofen schieben, bei 250 °C etwa 15 Minuten backen, sofort aus der Form nehmen und auf einem Kuchengitter erkalten lassen.

| 100 g enthalten | | | |
|---|---|---|---|
| Broteinheiten | 2,50 | Eiweiß | 3,19 g |
| Brotwert | 2,97 | Fett | 9,34 g |
| Energiewert | 912,95 kJ (218,27 kcal) | Kohlehydrate | 29,68 g |

# Rüeblikuchen

für eine Springform
von 18 cm Durchmesser

1 unbehandelte Zitrone
175 g Dinkelweißmehl/
Mehl Type 630
1 EL phosphatfreies Backpulver
1 TL Zimtpulver
½ TL Kardamompulver
1 Msp Nelkenpulver
1 Prise Meersalz
125 g geriebene Mandeln
150 g Karotten
2 Freilandeier
15 Tropfen Stevia
oder
3–4 EL Stevia-Auszug,
Rezept Seite 13
2–4 EL Agavendicksaft oder
Vollrohrzucker
100 g ausgekühlte
flüssige Butter

Puderzucker zum Bestäuben,
nach Belieben

1 Karotten schälen, auf der Rohkostreibe fein reiben, Zitronenschale fein dazureiben, den Saft auspressen und unterrühren.

2 Den Backofen auf 180 °C vorheizen. Die Form einfetten.

3 Mehl, Backpulver, Gewürze, Salz, Mandeln und Karotten mischen.

4 Die Eier aufschlagen, Stevia und Agavendicksaft dazugeben und die Masse schaumig schlagen. Die Butter unterrühren.

5 Eier-Butter-Masse und Mehl-Karotten-Mischung sorgfältig vermengen. Den Teig in die vorbereitete Form füllen.

6 Rüeblikuchen auf der untersten Schiene in den Backofen schieben, bei 180 °C 50 Minuten backen. Vor dem Servieren nach Belieben mit dem Puderzucker bestäuben.

Tipp Dieser Kuchen schmeckt auch nach 3 Tagen noch gut.

| 100 g enthalten | | | |
|---|---|---|---|
| Broteinheiten | 1,95 | Eiweiß | 7,48 g |
| Brotwert | 2,34 | Fett | 21,42 g |
| Energiewert | 1322,33 kJ (315,92 kcal) | Kohlehydrate | 23,36 g |

# Blätterteigkissen

mit Früchtemousse

100 g ausgerollter Blätterteig

100 g Früchte,
z. B. Beeren, Rhabarber,
Aprikosen usw.
12 Tropfen Stevia
50 g Mascarpone
½ dl/50 ml Rahm/Sahne
1 EL Rahmhalter/Sahnesteif
(bei Verwendung
von Beeren oder Rhabarber)

Früchte für die Garnitur

1 Beeren mit Stevia mischen, pürieren. Rhabarber schälen und in Stücke schneiden. Aprikosen halbieren, Stein und Stielansatz entfernen, in kleine Stücke schneiden. Früchte mit Stevia in einem Topf offen kochen, bis die Früchte weich sind und die Flüssigkeit ganz verdampft ist. Beiseite stellen, auskühlen lassen, pürieren. Den Mascarpone unter die pürierten Beeren/Früchte rühren. Rahm mit Rahmhalter/Sahnesteif schlagen und unterziehen, 20 Minuten kühl stellen.

2 Den Backofen auf 230 °C vorheizen.

3 Den Blätterteig mit einem Teigrädchen in 4 cm große Quadrate schneiden. Innerhalb der Quadrate mit einem Messer ein kleineres Quadrat einschneiden, dieses mit einer Gabel gleichmäßig einstechen. Blätterteigquadrate auf ein kalt abgespültes Blech legen, 10 Minuten kühl stellen. Blech in der Mitte in den Ofen schieben, Gebäck bei 230 °C 3 bis 5 Minuten backen. Temperatur auf 180 °C zurückschalten, fertig backen, 6 bis 8 Minuten. Abkühlen lassen.

4 Fruchtmousse in einen Spritzbeutel mit großer gezackter Tülle füllen und auf die Blätterteigkissen spritzen, mit Früchten garnieren.

Tipps/Varianten Gekühlter Blätterteig geht am besten auf. Den gleichen Effekt erzielt man, wenn zum Backen eine Tasse Wasser in den Ofen gestellt wird.

| 100 g enthalten | | | |
|---|---|---|---|
| Broteinheiten | 1,50 | Eiweiß | 3,47 g |
| Brotwert | 1,33 | Fett | 17,86 g |
| Energiewert | 952,17 kJ (227,50 kcal) | Kohlehydrate | 13,30 g |

# Fruchtwähe

für eine Kuchenform
von 26–28 cm Durchmesser

**Teig**
200 g Dinkelweißmehl/
Mehl Type 630
½ Päckchen phosphatfreies
Backpulver
125 g Magerquark
2 EL Oliven- oder Rapsöl
5 EL Milch
15 Tropfen Stevia

**Belag**
3–4 Äpfel oder Birnen
oder
600 g beliebige Früchte

**Guss**
2 dl/200 ml Milch
1 dl/100 ml Rahm/Sahne
2 Freilandeier
12 Tropfen Stevia
2 EL Akazienblütenhonig,
nach Belieben

1 Mehl und Backpulver in einer Schüssel mischen, eine Vertiefung drücken, Quark, Öl, Milch und Stevia in die Vertiefung geben und verrühren, zu einem Teig zusammenfügen, nicht kneten, Teig kurz ruhen lassen.
Den Teig zwischen zwei Klarsichtfolien auf Formgröße ausrollen, eine Folie entfernen, die Teigrondelle in die eingefettete Form stürzen, zweite Folie entfernen.

2 Den Backofen auf 200 °C vorheizen.

3 Äpfel/Birnen schälen und vierteln, Kerngehäuse entfernen. Fruchtviertel in Scheiben schneiden, auf den Teigboden legen. Guss darübergießen.

4 Fruchtwähe auf der zweituntersten Schiene in den Ofen schieben und bei 200 °C 25 bis 30 Minuten backen.

| 100 g enthalten | | | |
|---|---|---|---|
| Broteinheiten | 2,00 | Eiweiß | 4,85 g |
| Brotwert | 1,80 | Fett | 5,76 g |
| Energiewert | 604,09 kJ (144,32 kcal) | Kohlehydrate | 18,02 g |

# Schokoladenkuchen

für eine Cake-/Kastenform
von 23–26 cm Länge

150 g zimmerwarme Butter
50 Tropfen Stevia
4–5 EL Akazienblütenhonig oder
Agavendicksaft
20 g Kakaopulver
3 Freilandeier
1 dl/100 ml Rahm/Sahne
200 g Dinkelweißmehl/
Mehl Type 630
1 Päckchen phosphatfreies
Backpulver

1 Den Backofen auf 220 °C vorheizen. Form mit Backpapier auskleiden.

2 Die Butter luftig aufschlagen, bis sich Spitzchen bilden. Stevia, Akazienhonig und Kakaopulver unterrühren. Ein Ei nach dem andern unter die Buttermasse schlagen. Rahm langsam und unter ständigem Rühren dazugeben.

3 Das Mehl mit dem Backpulver mischen, portionsweise unter den Teig rühren. Der Teig soll zäh von der Kelle reißen, je nach Festigkeit mit ein wenig Rahm oder Mehl «korrigieren». Teig in die vorbereitete Form füllen.

4 Form auf der untersten Schiene in den Ofen schieben, Schokoladenkuchen 10 Minuten bei 220 °C, dann 30 Minuten bei 180 °C backen.

Tipp Mit Schlagrahm/-sahne servieren.

| 100 g enthalten | | | |
|---|---|---|---|
| Broteinheiten | 2,60 | Eiweiß | 6,32 g |
| Brotwert | 3,10 | Fett | 24,34 g |
| Energiewert | 1535,16 kJ (366,70 kcal) | Kohlehydrate | 30,97 g |

# Biskuitroulade

mit Marronifüllung

**Biskuitteig**
- 3 Freilandeier
- 2 EL Agavendicksaft
- 10 Tropfen Stevia
- 1 Prise Meersalz
- 6 Tropfen Stevia
- 80 g Dinkelweißmehl/ Mehl Type 630

**Marronifüllung**
- 220 g Marroni-/ Esskastanienpüree, Seite 34
- 2 dl/200 ml Rahm/Sahne
- Kakaopulver

**Apfelfüllung**
- 2 säuerliche Äpfel
- 2 EL Zitronensaft
- 5 Tropfen Stevia
- 1 EL Agavendicksaft oder Ahornsirup
- 2 dl/200 ml Rahm/Sahne
- Zimtpulver

1 Backofen auf 200 °C vorheizen. Rücken eines großen rechteckigen Blechs mit Backpapier belegen.

2 Eier trennen. In einer Schüssel Eigelbe, Agavendicksaft und 10 Tropfen Stevia mit dem Handrührgerät schaumig rühren. Eiweiß mit Salz steif schlagen, 6 Tropfen Stevia dazugeben, kurz weiterschlagen, bis die Masse glänzt. Das Mehl lagenweise mit dem Eischnee auf die Eigelbmasse geben, mit einem Teigschaber sorgfältig unterziehen. Den Teig auf dem Blechrücken zu einem Rechteck von 22 x 30 cm ausstreichen. Im Backofen in der Mitte bei 200 °C 6 Minuten backen. Biskuit mit Papier auf Arbeitsfläche ziehen und mit dem umgekehrten Blech zudecken, auskühlen lassen.

3 Marronipüree mit wenig Rahm cremig rühren. Restlichen Rahm steif schlagen, unterziehen. Wer die Füllung süß liebt, rührt noch 4 bis 5 Tropfen Stevia oder 1 Esslöffel Stevia-Auszug unter die Masse.

4 Die Ränder des Biskuits gerade schneiden. Die Hälfte der Marronifüllung auf das Biskuit streichen, an den Längsseiten 3 cm Rand frei lassen. Biskuit längs aufrollen. Die Roulade mit der restlichen Füllung bestreichen, mit dem Kakaopulver bestäuben. Mindestens 3 Stunden kühl stellen.

Biskuitroulade mit Apfelfüllung Äpfel schälen und auf der Rohkostreibe fein reiben, sofort mit Zitronensaft mischen, damit die Äpfel sich nicht braun verfärben, mit Stevia und Agavendicksaft süßen. Rahm steif schlagen, unter die Masse ziehen.

| 100 g enthalten (mit Marronifüllung) | | | |
|---|---|---|---|
| Broteinheiten | 1,45 | Eiweiß | 5,86 g |
| Brotwert | 1,73 | Fett | 12,91 g |
| Energiewert | 882,06 kJ (210,63 kcal) | Kohlehydrate | 17,30 g |

| 100 g enthalten (mit Apfelfüllung) | | | |
|---|---|---|---|
| Broteinheiten | 1,50 | Eiweiß | 4,76 g |
| Brotwert | 1,78 | Fett | 10,18 g |
| Energiewert | 762,72 kJ (182,11 kcal) | Kohlehydrate | 17,76 g |

# Marmorkuchen

für eine Springform
von 18 cm Durchmesser

150 g zimmerwarme Butter
50 Tropfen Stevia
4–6 EL Akazienblütenhonig oder Agavendicksaft
2 TL Vanillezucker
3 Freilandeier, verquirlt
1 dl/100 ml Rahm/Sahne
200 g Dinkelweißmehl/ Mehl Type 630
1 Päckchen phosphatfreies Backpulver
2 EL Kakaopulver
1–2 EL Rahm/Sahne

1 Den Backofen auf 220 °C vorheizen. Den Boden der Springform mit Backpapier belegen. Den Rand einfetten.

2 Die Butter luftig aufschlagen, bis sich Spitzchen bilden, Stevia, Akazienhonig und Vanillezucker unterrühren. Die Eiermasse und den Rahm nach und nach unterrühren. Mehl und Backpulver mischen, portionsweise unterziehen. Der Teig soll zäh von der Kelle reißen, je nach Konsistenz mit wenig Rahm oder Mehl korrigieren.

3 Kakaopulver und Rahm verrühren.

4 Den Teig in zwei Portionen teilen, unter eine Teighälfte den Kakao rühren.

5 Den gelben und braunen Teig abwechselnd in die Form füllen.

6 Die Form auf der untersten Schiene in den Backofen schieben, Marmorkuchen bei 220 °C 10 Minuten backen. Die Temperatur auf 180 °C zurückschalten, Marmorkuchen weitere 30 Minuten backen.

| 100 g enthalten | | | |
|---|---|---|---|
| Broteinheiten | 2,50 | Eiweiß | 7,36 g |
| Brotwert | 2,78 | Fett | 24,41 g |
| Energiewert | 1499,00 kJ (358,30 kcal) | Kohlehydrate | 27,78 g |

# Kompotts – Konfitüren – Mus

# Quittenpüree – Grundrezept

1 kg Quitten, Flaum mit einem trockenen Tuch abgerieben

Dampfkochtopf Sieb in den Dampfkochtopf legen und bis zum Sieb mit Wasser füllen. Ganze Quitten einfüllen. Dampfkochtopf verschließen. Aufkochen. Sobald die 2 Striche am Ventil sichtbar sind, Hitze reduzieren, Quitten je nach Größe 12 bis 15 Minuten dämpfen. Dampfkochtopf von der Wärmequelle nehmen, Quitten aus dem Topf nehmen, Fliege und Stielansatz entfernen, Quittenfleisch vom Kerngehäuse schneiden, durch das Passevite/die Flotte Lotte drehen.

Normaler Kochtopf Ganze Quitten mit 1–1½ l kaltem Wasser aufsetzen, bei schwacher Hitze kochen, bis das Kernobst weich ist. Die Quitten sind gar, wenn sie sich zwischen den Fingern zerdrücken lassen. Fliege und Stielansatz entfernen, Quittenfleisch vom Kerngehäuse schneiden, durch das Passevite/die Flotte Lotte drehen.

Verwendung Für Konfitüren und Chutneys.

| 100 g enthalten | | | |
|---|---|---|---|
| Broteinheiten | 0,61 | Eiweiß | 0,40 g |
| Brotwert | 0,73 | Fett | 0,50 g |
| Energiewert | 162,00 kJ (39,00 kcal) | Kohlehydrate | 7,32 g |

# Quittenpüree

ca. 800 g Quittenpüree, Seite 88
½–1 TL Steviosidpulver

Das Quittenpüree mit dem Steviosidpulver unter Rühren aufkochen, bis 1 cm unter den Rand in vorgewärmte Gläser füllen, sofort verschließen. Die Gläser zum Auskühlen mit einem Frottétuch zudecken.

Verwendung

Für Müeslis und Quittencremes.

| 100 g enthalten | | | |
|---|---|---|---|
| Broteinheiten | 0,61 | Eiweiß | 0,40 g |
| Brotwert | 0,73 | Fett | 0,50 g |
| Energiewert | 162,00 kJ (39,00 kcal) | Kohlehydrate | 7,32 g |

# Zwetschgenkompott

1 kg Zwetschgen
1 l Wasser
1 Zitrone, Saft
2 Zimtstangen
1½ TL Steviosidpulver (3 g)

1 Zwetschgen halbieren, Stein entfernen.

2 Wasser, Zitronensaft, Zimtstangen und Steviosidpulver aufkochen, Zwetschgen zugeben, knapp weich kochen, mit einem Schaumlöffel aus dem Sud nehmen und in vorgewärmte Gläser füllen. Zimt entfernen. Fond nochmals erhitzen, Gläser bis 1 cm unter den Rand füllen, sofort verschließen. Zum Auskühlen Gläser mit einem Frottétuch zudecken.

| 100 g enthalten | | | |
|---|---|---|---|
| Broteinheiten | 0,42 | Eiweiß | 0,32 g |
| Brotwert | 0,50 | Fett | 0,07 g |
| Energiewert | 104,08 kJ (24,75 kcal) | Kohlehydrate | 5,05 g |

## Ganze Birnen-Kompott

1½ kg kleine Birnen, kochfeste Sorte, z. B. Williams, Gute Luise usw.
1½ l Wasser
2 Zitronen, Saft
2 Limetten, abgeriebene Schale und Saft
1½ TL Steviosidpulver (3 g)

1 Birnen schälen, Stiel an der Frucht belassen.

2 Wasser, Zitronen- und Limettensaft, Limettenschalen und Steviosidpulver aufkochen, die ganzen Birnen zugeben und knapp weich kochen. Die Birnen müssen fest bleiben. Früchte in vorgewärmte Gläser füllen, Fond nochmals aufkochen, Gläser bis 1 cm unter den Rand füllen, sofort verschließen. Gläser zum Auskühlen mit einem Frottétuch zudecken.

| 100 g enthalten | | | |
|---|---|---|---|
| Broteinheiten | 0,55 | Eiweiß | 0,27 g |
| Brotwert | 0,65 | Fett | 0,24 g |
| Energiewert | 124,13 kJ (29,52 kcal) | Kohlehydrate | 6,55 g |

## Nektarinen-Kompott

1½ kg Nektarinen
7 dl / 700 ml Süßmost / Apfelsaft
7 dl / 700 ml Wasser
1 TL Steviosidpulver (2 g)

1 Nektarinen halbieren, je nach Größe nochmals halbieren.

2 Süßmost, Wasser und Steviosidpulver aufkochen, Nektarinen zugeben, knapp weich kochen. Die Nektarinen mit dem Schaumlöffel aus der Flüssigkeit nehmen und sofort in vorgewärmte Gläser füllen. Fond nochmals aufkochen, Gläser bis 1 cm unter den Rand füllen, sofort verschließen. Gläser zum Auskühlen mit einem Frottétuch zudecken.

| 100 g enthalten | | | |
|---|---|---|---|
| Broteinheiten | 0,53 | Eiweiß | 0,45 g |
| Brotwert | 0,65 | Fett | 0,05 g |
| Energiewert | 163,75 kJ (39,25 kcal) | Kohlehydrate | 6,45 g |

## Quitten im Weißwein

1 l Wasser
1 Zitrone, Saft
1½ kg Quitten (geschält ca. 1 kg)
1 l trockener Weißwein
1 TL Steviosidpulver (2 g)
2 Zimtstangen

1 Wasser und Zitronensaft in eine Schüssel geben.

2 Quittenflaum mit einem trockenen Tuch abreiben. Die Quitten schälen, vierteln und entkernen. Fruchtviertel nach Belieben in Stäbchen oder Würfelchen schneiden, sofort in das Zitronenwasser legen, damit sie sich nicht braun verfärben.

3 Weißwein, Steviosidpulver und Zimt aufkochen, Quitten zugeben, bei schwacher Hitze knapp weich kochen. Quitten mit dem Schaumlöffel aus dem Fond nehmen, sofort in vorgewärmte Gläser füllen. Fond nochmals aufkochen, Gläser bis 1 cm unter den Rand füllen, sofort verschließen. Die Gläser zum Auskühlen mit einem Frottétuch zudecken.

| 100 g enthalten | | | |
|---|---|---|---|
| Broteinheiten | 0,25 | Eiweiß | 0,22 g |
| Brotwert | 0,30 | Fett | 0,18 g |
| Energiewert | 162,40 kJ (38,84 kcal) | Kohlehydrate | 2,95 g |

## Birnen-Kompott

1 kg Birnen
4 dl/400 ml Birnen- oder Apfelsaft
6 dl/600 ml Wasser
1 Zitrone, Saft
1 TL Steviosid-pulver (2 g)

1 Birnen schälen, halbieren, Stielansatz und Kerngehäuse entfernen.

2 Birnensaft, Wasser, Zitronensaft und Steviosid aufkochen. Birnen im Fond portionsweise knapp weich kochen. Birnen mit dem Schaumlöffel aus dem Fond nehmen, in die vorgewärmten Gläser füllen. Den Fond nochmals aufkochen, Gläser bis 1 cm unter den Rand füllen, sofort verschließen. Gläser zum Auskühlen mit einem Frottétuch zudecken.

| 100 g enthalten | | | |
|---|---|---|---|
| Broteinheiten | 0,76 | Eiweiß | 0,35 g |
| Brotwert | 0,91 | Fett | 0,20 g |
| Energiewert | 162,40 kJ (38,64 kcal) | Kohlehydrate | 9,10 g |

1,2 kg Äpfel, saure Sorte, z. B. Boskop
2 dl / 200 ml Wasser
1 Stück Ingwer, 4 cm lang und 2 cm Durchmesser
2 Zimtstangen
1 TL Steviosidpulver (2 g)

**1** Äpfel ungeschält vierteln und entkernen, in kleine Stücke schneiden. Ingwer schälen und in feine Scheiben schneiden.

**2** Alle Zutaten in einen Kochtopf geben, erhitzen, kochen, bis die Äpfel zerfallen sind. Die Zimtstangen entfernen. Apfelkompott pürieren.

**3** Apfelkompott erhitzen, bis 1 cm unter den Rand in vorgewärmte Gläser füllen, sofort verschließen. Gläser zum Auskühlen mit einem Frottétuch zudecken.

| 100 g enthalten | | | |
|---|---|---|---|
| Broteinheiten | 0,83 | Eiweiß | 0,31 g |
| Brotwert | 1,00 | Fett | 0,36 g |
| Energiewert | 190,18 kJ (45,57 kcal) | Kohlehydrate | 9,99 g |

# Apfelmus
## mit Ingwer und Zimt

1 kg Tomaten
2 mittelgroße Zwiebeln
2 Knoblauchzehen
10 g Meersalz
6 TL Tomatenmark, 22 %
½ dl / 50 ml Rotweinessig
2 Gewürznelken
2 Wacholderbeeren
½ TL Steviosidpulver (1 g)

1 Bei den Tomaten den Stielansatz kreisförmig herausschneiden, Tomaten zerkleinern. Zwiebeln und Knoblauchzehen schälen und grob hacken.

2 Alle Zutaten in einen Kochtopf geben, aufkochen, bei schwacher Hitze etwa 90 Minuten kochen. Gewürznelken und Wacholder entfernen. Tomatenmus durch das Passevite / die Flotte Lotte drehen oder pürieren, durch ein feines Sieb streichen.

3 Das Ketchup nochmals erhitzen und bis 1 cm unter den Rand in vorgewärmte Gläser/Flaschen füllen, sofort verschließen. Gläser zum Auskühlen mit einem Frottétuch zudecken.

| 100 g enthalten | | | |
|---|---|---|---|
| Broteinheiten | 0,29 | Eiweiß | 1,18 g |
| Brotwert | 0,35 | Fett | 0,34 g |
| Energiewert | 98,76 kJ (23,24 kcal) | Kohlehydrate | 3,47 g |

# Tomaten-Ketchup

# Aprikosenkonfitüre

mit getrocknetem Stevia gesüßt

1 kg reife Aprikosen
3 EL pulverisierte Steviablätter (ca. 6 g)
3 EL Unigel / Pektin (30 g)
½–1 dl / 50–100 ml Wasser, je nach Reife der Früchte

1 Die Aprikosen halbieren, Stein und Stielansatz entfernen, Fruchthälften klein schneiden.

2 Alle Zutaten unter Rühren aufkochen, kochen, bis die Aprikosen zerfallen sind.

3 Die heiße Aprikosenkonfitüre bis 1 cm unter den Rand in vorgewärmte Gläser füllen, sofort verschließen. Die Gläser zum Auskühlen mit einem Frottétuch zudecken.

| 100 g enthalten | | | |
|---|---|---|---|
| Broteinheiten | 0,87 | Eiweiß | 0,81 g |
| Brotwert | 1,04 | Fett | 0,09 g |
| Energiewert | 206,25 kJ (49,00 kcal) | Kohlehydrate | 10,44 g |

# Erdbeer-Rhabarber-Konfitüre

400 g reife, süße Erdbeeren
400 g Rhabarber
2 EL Unigel (20 g)
1 TL Steviosidpulver (2 g)

1 Erdbeeren entstielen und zerkleinern. Rhabarber schälen und in kleine Stücke schneiden.

2 Alle Zutaten unter Rühren aufkochen, die Konfitüre 3 bis 5 Minuten sprudelnd kochen, bis der Rhabarber leicht zerfallen ist.

3 Die heiße Erdbeer-Rhabarber-Konfitüre bis 1 cm unter den Rand in vorgewärmte Gläser füllen, sofort verschließen. Die Gläser zum Auskühlen mit einem Frottétuch zudecken.

Tipp Konfitüre nach Belieben mit dem Stabmixer pürieren.

| 100 g enthalten | | | |
|---|---|---|---|
| Broteinheiten | 0,48 | Eiweiß | 0,68 g |
| Brotwert | 0,58 | Fett | 0,24 g |
| Energiewert | 133,59 kJ (31,83 kcal) | Kohlehydrate | 5,78 g |

## Erdbeerkonfitüre

800 g reife, süße Erdbeeren
4 EL Wasser
1 TL Steviosidpulver (2 g)
4 Zitronenmelisseblättchen
2 EL Unigel (20 g)

1 Erdbeeren entstielen und zerkleinern.

2 Alle Zutaten unter ständigem Rühren aufkochen und kochen, bis die Früchte zerfallen.

3 Die heiße Erdbeerkonfitüre bis 1 cm unter den Rand in vorgewärmte Gläser füllen, sofort verschließen. Die Gläser zum Auskühlen mit einem Frottétuch zudecken.

Tipp Konfitüre mit dem Stabmixer pürieren.

| 100 g enthalten | | | |
|---|---|---|---|
| Broteinheiten | 0,61 | Eiweiß | 0,73 g |
| Brotwert | 0,73 | Fett | 0,36 g |
| Energiewert | 160,39 kJ (38,30 kcal) | Kohlehydrate | 7,27 g |

## Zwetschgenkonfitüre

1 kg Zwetschgen
2 dl / 200 ml Wasser
1 gehäufter TL Steviosidpulver (2½ g)
½ TL Zimtpulver
1 kleines Stück Ingwer, etwa 1 cm
2½ EL Unigel (30 g)

1 Zwetschgen halbieren, Stein und Stielansatz entfernen, Fruchthälften klein schneiden. Ingwer schälen und auf der Bircherreibe fein reiben.

2 Alle Zutaten unter ständigem Rühren erhitzen, kochen, bis die Früchte zerfallen sind.

3 Die heiße Zwetschgenkonfitüre bis 1 cm unter den Rand in vorgewärmte Gläser füllen, sofort verschließen. Die Gläser zum Auskühlen mit einem Frottétuch zudecken.

| 100 g enthalten | | | |
|---|---|---|---|
| Broteinheiten | 0,81 | Eiweiß | 0,49 g |
| Brotwert | 0,97 | Fett | 0,09 g |
| Energiewert | 190,47 kJ (45,30 kcal) | Kohlehydrate | 9,68 g |

# Rhabarber-Feigen-Konfitüre

800 g Rhabarber
200 g getrocknete Feigen, weiche Sorte
1 TL Steviosidpulver (2 g)
½ dl / 50 ml Wasser
2 EL Unigel (20 g)

1 Rhabarber schälen, Stangen in kleine Stücke schneiden. Stielansatz der Feigen abschneiden, die Früchte klein würfeln.

2 Alle Zutaten aufkochen, köcheln lassen, bis der Rhabarber leicht zerfällt. Wenn nötig Wasser zufügen.

3 Die heiße Rhabarber-Feigen-Konfitüre bis 1 cm unter den Rand in vorgewärmte Gläser füllen, sofort verschließen. Die Gläser zum Auskühlen mit einem Frottétuch zudecken.

Tipp Konfitüre nach Belieben kurz mit dem Stabmixer pürieren.

Variante Es können auch andere Dörrfrüchte wie süße Aprikosen verwendet werden. Getrocknete süße Aprikosen sind in der Regel weich; wenn dem nicht so ist, 3 bis 4 Stunden in Wasser einweichen. Anstelle des Wassers das Einweichwasser verwenden.

| 100 g enthalten | | | |
|---|---|---|---|
| Broteinheiten | 1,15 | Eiweiß | 1,54 g |
| Brotwert | 1,38 | Fett | 0,50 g |
| Energiewert | 295,27 kJ (70,37 kcal) | Kohlehydrate | 13,76 g |

# Aprikosenkonfitüre

1 kg reife Aprikosen
1 gehäufter TL
Steviosidpulver (2½–3 g)
3 EL Unigel (30 g)
½–1 dl / 50–100 ml Wasser,
je nach Reife der Früchte

1 Aprikosen halbieren, Stein und Stielansatz entfernen, Fruchthälften klein schneiden.

2 Alle Zutaten unter ständigem Rühren aufkochen und kochen, bis die Früchte zerfallen sind.

3 Die heiße Aprikosenkonfitüre bis 1 cm unter den Rand in vorgewärmte Gläser füllen, sofort verschließen. Die Gläser zum Auskühlen mit einem Frottétuch zudecken.

| 100 g enthalten | | | |
|---|---|---|---|
| Broteinheiten | 0,87 | Eiweiß | 0,81 g |
| Brotwert | 1,04 | Fett | 0,09 g |
| Energiewert | 206,25 kJ (49,00 kcal) | Kohlehydrate | 10,44 g |

# Mango-Karotten-Konfitüre

200 g getrocknete Mangos
500 g Karotten
¼ TL Steviosidpulver
2 dl / 200 ml Orangensaft, frisch gepresst
1 unbehandelte Zitrone, abgeriebene Schale und Saft
1–2 dl / 100–200 ml Einweichwasser der Mangos
2 EL Unigel (20 g)
½ dl / 50 ml Orangensaft

**1** Mangos etwa 1 Stunde in kaltem Wasser einweichen. In kleine Stücke schneiden. Karotten schälen, in feine Scheiben schneiden.

**2** Mangos, Karotten, Steviosidpulver, Orangen- und Zitronensaft, Zitronenschale sowie Einweichwasser der Mangos in eine Pfanne geben, aufkochen, etwa 20 Minuten köcheln lassen. Geliermittel im Orangensaft auflösen, in die Pfanne geben, nochmals 5 Minuten köcheln lassen. Pürieren.

**3** Heiße Konfitüre bis 1 cm unter den Rand in vorgewärmte Gläser füllen, verschließen. Zum Auskühlen mit einem Frottétuch zudecken.

| 100 g enthalten | | | |
|---|---|---|---|
| Broteinheiten | 1,37 | Eiweiß | 1,13 g |
| Brotwert | 1,64 | Fett | 0,52 g |
| Energiewert | 331,73 kJ (79,25 kcal) | Kohlehydrate | 16,43 g |

# Quittenkonfitüre

600 g Quittenpüree, Seite 88
2 dl / 200 ml Süßmost/Apfelsaft
1 dl / 100 ml Quittenkochwasser, Seite 88
½ TL Steviosidpulver (1 g)
1 Prise Bourbon-Vanille

**1** Quittenpüree, Süßmost, Quittenfond, Steviosid und Vanille unter Rühren aufkochen, Konfitüre bei schwacher Hitze kochen, bis sie zähflüssig ist.

**2** Heiße Quittenkonfitüre bis 1 cm unter den Rand in vorgewärmte Gläser füllen, sofort verschließen. Die Gläser zum Auskühlen mit einem Frottétuch zudecken.

| 100 g enthalten | | | |
|---|---|---|---|
| Broteinheiten | 0,68 | Eiweiß | 0,38 g |
| Brotwert | 0,82 | Fett | 0,45 g |
| Energiewert | 173,67 kJ (41,56 kcal) | Kohlehydrate | 8,17 g |

# Erdbeer-Stachelbeer-Aprikosen-Konfitüre

400 g süße, reife Erdbeeren
200 g reife Stachelbeeren
4 reife Aprikosen
4 EL Wasser
1 TL Steviosidpulver (2 g)
2 EL Unigel (20 g)

1 Erdbeeren entstielen und zerkleinern. Stachelbeeren halbieren. Aprikosen halbieren, Stein und Stielansatz entfernen, Früchte klein schneiden.

2 Alle Zutaten unter Rühren erhitzen, kochen, bis die Früchte zerfallen.

3 Die heiße Konfitüre bis 1 cm unter den Rand in vorgewärmte Gläser füllen, sofort verschließen. Die Gläser zum Auskühlen mit einem Frottétuch zudecken.

Tipp Die Konfitüre nach Belieben kurz mit dem Stabmixer pürieren.

| 100 g enthalten | | | |
|---|---|---|---|
| Broteinheiten | 0,72 | Eiweiß | 0,75 g |
| Brotwert | 0,86 | Fett | 0,25 g |
| Energiewert | 181,52 kJ (43,30 kcal) | Kohlehydrate | 8,64 g |

# Holunderbeer-Gelee

1 kg Holunderbeer-dolden
2 dl / 200 ml Wasser
2 TL Steviosidpulver (4 g)
2 EL Unigel (20 g)

1 Holunderbeerdolden 1 bis 2 Stunden in den Tiefkühler legen. Nun können die Beeren leicht und ohne dass man schwarze Hände bekommt, von den Dolden gestreift werden.

2 Holunderbeeren mit dem Wasser aufkochen, bei schwacher Hitze 20 Minuten köcheln lassen. Topfinhalt zum Abtropfen in ein mit einem feinen Tuch (Gazetuch) ausgelegtes Sieb oder in einen Abtropfsack füllen.

3 Holunderbeersaft, Steviosidpulver und Unigel unter Rühren erhitzen, heißes Gelee bis 1 cm unter den Rand in vorgewärmte Gläser füllen, sofort verschließen. Die Gläser zum Auskühlen mit einem Frottétuch zudecken.

| 100 g enthalten | | | |
|---|---|---|---|
| Broteinheiten | 0,64 | Eiweiß | 2,05 g |
| Brotwert | 0,77 | Fett | 0,41 g |
| Energiewert | 190,93 kJ (45,98 kcal) | Kohlehydrate | 7,70 g |

# Fruchtaufstrich

500 g gemischte frische Früchte, z. B. Himbeeren, Aprikosen, Nektarinen
15–30 Tropfen Stevia, je nach Süße der Früchte
15 g Apfelpektin

1 Steinfrüchte wie Aprikosen, Nektarinen und Zwetschgen halbieren und entsteinen, Stielansatz wegschneiden, die Fruchthälften klein schneiden.

2 Die Früchte mit dem Stevia aufkochen, Apfelpektin prisenweise einrühren, 6 bis 8 Minuten bei schwacher Hitze kochen lassen, dann etwas Fruchtmus entnehmen und prüfen, ob der Aufstrich bereits fest ist. Sollte er nicht fest genug sein, die Masse noch etwas länger kochen lassen.

3 Kleine Gläser mit Schraubverschluss in kochendem Wasser vorwärmen, den Fruchtaufstrich kochend heiß einfüllen, verschließen. Oder Fruchtaufstrich in Portionsschalen füllen, erkalten lassen, einfrieren.

| 100 g enthalten | | | |
|---|---|---|---|
| Broteinheiten | 0,71 | Eiweiß | 1,13 g |
| Brotwert | 0,85 | Fett | 0,20 g |
| Energiewert | 187,61 kJ (44,79 kcal) | Kohlehydrate | 8,54 g |

## Himbeersirup

1 kg Himbeeren
6 dl/600 ml Süßmost/Apfelsaft
4 TL Steviosidpulver (8 g)

1 Himbeeren und Süßmost erhitzen, kochen, bis die Früchte zerfallen. Den Topfinhalt zum Abtropfen in ein mit einem feinen Tuch (Gazetuch) ausgelegtes Sieb oder in den Abtropfsack füllen.

2 Himbeersaft und Steviosid unter Rühren aufkochen, abschäumen, noch einmal aufkochen, heiß in vorgewärmte Flaschen füllen, verschließen. Die Gläser zum Auskühlen mit einem Frottétuch zudecken.

| 100 g enthalten | | | |
|---|---|---|---|
| Broteinheiten | 0,28 | Eiweiß | 0,81 g |
| Brotwert | 0,34 | Fett | 0,19 g |
| Energiewert | 155,88 kJ (37,38 kcal) | Kohlehydrate | 3,38 g |

## Holunderbeersirup

1 kg Holunderbeeren
2 dl/200 ml Birnensaft
oder Süßmost/Apfelsaft

Saft der Beeren
2 dl/200 ml Birnensaft
oder Süßmost/Apfelsaft
1 TL Steviosidpulver (2 g)

1 Die Holunderbeerdolden für 1 bis 2 Stunden in den Tiefkühler legen. So lassen sich die Beeren leicht und ohne dass man schwarze Hände bekommt, von den Dolden streifen.

2 Holunderbeeren mit 2 dl/200 ml Birnensaft oder Süßmost/Apfelsaft aufkochen, etwa 20 Minuten köcheln lassen. Topfinhalt zum Abtropfen in ein mit einem feinen Tuch (Gazetuch) ausgelegtes Sieb oder in den Abtropfsack füllen.

3 Holunderbeersaft, 2 dl/200 ml Birnensaft oder Süßmost/Apfelsaft und Steviosidpulver erhitzen, Schaum abschöpfen, nochmals erhitzen, heiß in vorgewärmte Flaschen füllen, sofort verschließen. Die Gläser zum Auskühlen mit einem Frottétuch zudecken.

| 100 g enthalten | | | |
|---|---|---|---|
| Broteinheiten | 0,73 | Eiweiß | 2,05 g |
| Brotwert | 0,87 | Fett | 0,42 g |
| Energiewert | 207,48 kJ (49,81 kcal) | Kohlehydrate | 8,75 g |

## Minzesirup

1 l Wasser
100 g junge abgezupfte Minzeblättchen
2 unbehandelte Zitronen, abgeriebene Schale und Saft
2–3 TL Steviosidpulver (4–6 g)

1 Zitronenschalen dünn abreiben, Saft auspressen.

2 Wasser, Minzeblätter, Zitronensaft und Zitronenschalen aufkochen. In eine große Schüssel füllen, 24 Stunden zugedeckt ziehen lassen.

3 Minzesud mit Steviosidpulver erhitzen, Sirup kochend heiß in vorgewärmte Flaschen füllen, sofort verschließen. Gläser zum Auskühlen mit einem Frottétuch zudecken.

| 100 g enthalten | | | |
|---|---|---|---|
| Broteinheiten | 0,10 | Eiweiß | 0,38 g |
| Brotwert | 0,12 | Fett | 0,12 g |
| Energiewert | 38,20 kJ (9,11 kcal) | Kohlehydrate | 1,23 g |

## Traubensirup

2½ kg abgelesene Traubenbeeren
4 Limetten oder
3 unbehandelte Zitronen, abgeriebene Schale und Saft
1,2 l Wasser
4 TL Steviosidpulver (8 g)

1 Traubenbeeren, Limettensaft, dünn abgeriebene Limettenschalen und Wasser aufkochen, 30 Minuten köcheln, Pfanne von der Wärmequelle nehmen, 10 Minuten ziehen lassen. Topfinhalt zum Abtropfen in ein mit einem feinen Tuch (Gazetuch) ausgelegtes Sieb oder in den Abtropfsack füllen.

2 Saft und Steviosidpulver unter Rühren erhitzen, abschäumen, nochmals erhitzen, kochend heiß in vorgewärmte Flaschen füllen. Sofort verschließen. Gläser zum Auskühlen mit einem Frottétuch zudecken.

| 100 g enthalten | | | |
|---|---|---|---|
| Broteinheiten | 0,87 | Eiweiß | 0,48 g |
| Brotwert | 1,04 | Fett | 0,22 g |
| Energiewert | 202,27 kJ (48,35 kcal) | Kohlehydrate | 10,43 g |

# Süßsauer – Chutneys

# Süßsaure Currygurken

3 große Freilandgurken
3 große Zwiebeln
½ l Weißweinessig
½ l Wasser
2 EL scharfer Curry
1 TL Steviosidpulver (2 g)
10–20 feine Ingwerscheiben

Abbildung, vorn

1 Gurken schälen, längs halbieren und in 2 cm breite Stücke schneiden. Zwiebeln schälen, halbieren und in feine Streifen schneiden.

2 Essig, Wasser, Curry, Steviosid und Ingwerscheiben aufkochen, Gurken und Zwiebeln zugeben, knackig kochen.

3 Das Gemüse mit einem Schaumlöffel aus dem Sud nehmen, kochend heiß in die vorgewärmten Gläser füllen. Sud nochmals aufkochen, die Gläser bis 1 cm unter den Rand füllen, sofort verschließen. Zum Auskühlen mit einem Frottétuch zudecken.

| 100 g enthalten | | | |
|---|---|---|---|
| Broteinheiten | 0,17 | Eiweiß | 0,60 g |
| Brotwert | 0,20 | Fett | 0,23 g |
| Energiewert | 65,34 kJ (15,51 kcal) | Kohlehydrate | 2,03 g |

# Süßsaure Quitten

mit Chili

1 l Wasser
1 Zitrone, Saft
1 kg Quitten
3 dl/300 ml Weißweinessig
2 TL frisch geriebene Ingwerwurzel
1 TL Steviosidpulver (2 g)
2 kleine Chilischoten

Abbildung, links

1 Wasser und Zitronensaft in eine Schüssel geben. Quittenflaum mit einem trockenen Tuch abreiben. Früchte schälen, vierteln und entkernen. Fruchtviertel in Spalten schneiden, sofort in das Zitronenwasser legen, damit sich die Quitten nicht braun verfärben.

2 Essig, Ingwer, Steviosid und Chilis aufkochen, Quitten zugeben, bei schwacher Hitze knapp weich kochen. Die Früchte mit einem Schaumlöffel aus dem Sud nehmen, in die vorgewärmten Gläser füllen. Sud nochmals aufkochen, bis 1 cm unter den Rand in die Gläser füllen, sofort verschließen. Gläser zum Auskühlen mit einem Frottétuch zudecken.

| 100 g enthalten | | | |
|---|---|---|---|
| Broteinheiten | 0,32 | Eiweiß | 0,29 g |
| Brotwert | 0,38 | Fett | 0,30 g |
| Energiewert | 95,26 kJ (22,89 kcal) | Kohlehydrate | 3,82 g |

# Süßsaure Auberginen

1 kg Auberginen
Salz
wenig Olivenöl extra vergine
2 Knoblauchzehen, gehackt
½ TL frisch geriebener Ingwer
1 TL schwarze Senfsamen
1 TL Kreuzkümmelsamen
1 kleiner roter Peperoncino
1 TL Steviosidpulver (2 g)
6 dl / 600 ml Weißwein
2 dl / 200 ml Weißweinessig
4 dl / 400 ml Wasser

1 Auberginen beidseitig kappen, in Würfel schneiden, mit ein wenig Salz bestreuen, 30 Minuten ziehen lassen (so kann man den Auberginen die Bitterstoffe entziehen), trocken tupfen.

2 Kreuzkümmelsamen im Mörser zerstoßen. Peperoncino längs halbieren. Wer es scharf liebt, entkernt die Schoten nicht.

3 Gewürze im Olivenöl andünsten. Auberginen, Steviosid und Flüssigkeit zugeben, erhitzen, bei schwacher Hitze kochen, bis das Gemüse weich, aber nicht verkocht ist.

4 Die Auberginen mit der Schaumkelle aus dem Sud nehmen, in vorgewärmte Gläser füllen. Sud nochmals aufkochen, Gläser bis 1 cm unter den Rand füllen. Gläser sofort verschließen.

5 Die Gläser erkalten lassen. Einige Tage kühl stellen, damit sich das Aroma entfalten kann.

Haltbarkeit Die süßsauren Auberginen sind für den schnellen Verbrauch bestimmt.

| 100 g enthalten | | | |
|---|---|---|---|
| Broteinheiten | 0,19 | Eiweiß | 0,75 g |
| Brotwert | 0,22 | Fett | 0,20 g |
| Energiewert | 135,92 kJ (32,31 kcal) | Kohlehydrate | 2,22 g |

1 kg rote und gelbe Peperoni / Paprikaschoten
3 dl / 300 ml Weißwein
2½ dl / 250 ml Weißweinessig
1 EL Meersalz
½ TL Steviosidpulver (1 g)
½ EL schwarze Pfefferkörner
½ EL gelbe Senfkörner
2 kleine scharfe rote Chilischoten
½ TL abgezupfte Thymianblättchen

Abbildung links

**1** Peperoni halbieren, Stielansatz, Kerne und weiße Rippen entfernen, Schotenhälften nochmals halbieren, quer in 1 cm breite Streifen schneiden.

**2** Alle Zutaten in einen Topf geben, aufkochen, Peperoni bei schwacher Hitze knackig garen. Mit einem Schaumlöffel aus dem Sud nehmen, kochend heiß in vorgewärmte Gläser füllen. Sud nochmals aufkochen, bis 1 cm unter den Rand in die Gläser füllen, sofort verschließen. Gläser zum Auskühlen mit einem Frottétuch zudecken.

Tipp Die Peperoni passen gut zu Raclette oder zu einem süßsauren Reis- oder Pastagericht.

| 100 g enthalten | | | |
|---|---|---|---|
| Broteinheiten | 0,40 | Eiweiß | 1,29 g |
| Brotwert | 0,48 | Fett | 0,57 g |
| Energiewert | 190,56 kJ (45,50 kcal) | Kohlehydrate | 4,79 g |

# Süßsaure Peperoni

# Süßsaure Trauben

1 kg Trauben ohne Kerne
½ l Wasser
½ l Weißweinessig
½ TL Steviosidpulver (1 g)
4 Gewürznelken
1 TL Korianderkörner
1 TL schwarze Pfefferkörner

Wasser, Essig, Steviosid, Nelken, Koriander und Pfefferkörner aufkochen, Hitze reduzieren, Trauben portionsweise zugeben und bei schwacher Hitze etwa 6 Minuten köcheln lassen. Beeren mit dem Schaumlöffel aus dem Sud nehmen, in vorgewärmte Gläser füllen. Fond noch einmal aufkochen, bis 1 cm unter den Rand in die Gläser füllen, sofort verschließen. Gläser zum Auskühlen mit einem Frottétuch zudecken.

| 100 g enthalten | | | |
|---|---|---|---|
| Broteinheiten | 0,69 | Eiweiß | 0,53 g |
| Brotwert | 0,83 | Fett | 0,28 g |
| Energiewert | 179,82 kJ (43,01 kcal) | Kohlehydrate | 8,28 g |

# Süßsaure Zwetschgen

in Rotwein

1 kg Zwetschgen
4 dl/400 ml Rotwein
3 dl/300 ml Rotweinessig
3 dl/300 ml Süßmost/Apfelsaft
2 gestrichene TL Steviosidpulver (4 g)
2 Zimtstangen
1 TL Kardamompulver
1 TL Koriandersamen

1 Die Zwetschgen halbieren, Stein und Stielansatz entfernen.

2 Alle Zutaten, ohne Zwetschgen, aufkochen, 3 Minuten köcheln. Zwetschgen zugeben, knapp weich kochen, mit dem Schaumlöffel aus dem Fond nehmen, kochend heiß in vorgewärmte Gläser füllen. Zimtstangen entfernen. Den Fond nochmals erhitzen, bis 1 cm unter den Rand in die Gläser füllen, sofort verschließen. Gläser zum Auskühlen mit einem Frottétuch zudecken.

| 100 g enthalten | | | |
|---|---|---|---|
| Broteinheiten | 0,46 | Eiweiß | 0,47 g |
| Brotwert | 0,55 | Fett | 0,12 g |
| Energiewert | 194,19 kJ (46,29 kcal) | Kohlehydrate | 5,50 g |

## Quitten-Chutney

700 g Quittenpüree, Seite 90
120 g Zwiebeln, fein gehackt
½ TL frisch geriebene Ingwerwurzel
1 Msp scharfes Paprikapulver
1 TL Steviosidpulver (2 g)
1 Prise Meersalz
3 dl/300 ml Orangensaft, frisch gepresst
1 dl/100 ml Quittenfond, Seite 90, oder Wasser

Abbildung

1 Alle Zutaten in einen Topf geben, aufkochen, unter ständigem Rühren bei schwacher Hitze 20 Minuten kochen, bis das Chutney dickflüssig ist.

2 Das heiße Quitten-Chutney bis 1 cm unter den Rand in die Gläser füllen, sofort verschließen. Gläser zum Auskühlen mit einem Frottétuch zudecken.

Verwendung Passt vorzüglich zu Fisch und Reis.

| 100 g enthalten | | | |
|---|---|---|---|
| Broteinheiten | 0,57 | Eiweiß | 0,58 g |
| Brotwert | 0,68 | Fett | 0,35 g |
| Energiewert | 150,81 kJ (36,22 kcal) | Kohlehydrate | 6,85 g |

## Süßsaurer Zucchetti-Peperoni-Zwiebel-Mix

2 kg Zucchetti (ausgereifte Zucchini)
2 rote Peperoni/Paprikaschoten
2 mittelgroße Zwiebeln
4 EL Meersalz
1 l Weißweinessig
6 dl/600 ml Wasser (Gemüsewasser)
2 EL scharfer Curry
1 TL Steviosidpulver (2 g)

Abbildung Seite 115, rechts

1 Zucchetti beidseitig kappen, Gemüsefrüchte schälen, je nach Größe längs halbieren oder vierteln, weiche Teile entfernen, die Viertel quer in Scheiben schneiden. Peperoni vierteln, Stielansatz und Kerne entfernen, Gemüsefrüchte quer in Streifen schneiden. Zwiebeln schälen, halbieren und ebenfalls in feine Streifen schneiden.

2 Zucchetti, Peperoni und Zwiebeln in einer großen Schüssel mit dem Salz mischen, 1 bis 2 Stunden stehen lassen (zieht Saft). Das Gemüse in ein Sieb geben, Saft auffangen.

3 Essig, Gemüsewasser, Curry und Steviosid aufkochen, alles Gemüse zugeben und knackig kochen. Gemüse mit einem Schaumlöffel aus dem Sud nehmen, kochend heiß in vorgewärmte Gläser füllen. Sud nochmals erhitzen, die Gläser bis 1 cm unter den Rand füllen und sofort verschließen. Gläser zum Auskühlen mit einem Frottétuch zudecken.

| 100 g enthalten | | | |
|---|---|---|---|
| Broteinheiten | 0,15 | Eiweiß | 1,07 g |
| Brotwert | 0,18 | Fett | 0,29 g |
| Energiewert | 77,13 kJ (18,40 kcal) | Kohlehydrate | 1,76 g |

1 kg Rhabarber
300 g Zwiebeln
120 g Sultaninen
⅓ TL Steviosidpulver
4 dl/400 ml
Weißweinessig
1 roter Peperoncino oder
½ TL Chilipulver
1 TL Zimtpulver
1 TL Korianderkörner
9 Kardamomkapseln
1 TL Meersalz

1 Rhabarber schälen, die Stängel in kleine Stücke schneiden. Zwiebeln schälen und grob hacken. Peperoncino in feine Ringe schneiden. Korianderkörner im Mörser zerstoßen.

2 Alle Zutaten in einen Topf geben, aufkochen, das Rhabarber-Chutney unter häufigem Rühren bei schwacher Hitze 30 Minuten kochen. Kardamom entfernen. Das Chutney grob pürieren.

3 Das heiße Rhabarber-Chutney bis 1 cm unter den Rand in vorgewärmte Gläser füllen, sofort verschließen. Zum Auskühlen mit einem Frottétuch zudecken.

Verwendung Passt zu Fisch, Fleisch und Reis.

| 100 g enthalten | | | |
|---|---|---|---|
| Broteinheiten | 0,58 | Eiweiß | 0,98 g |
| Brotwert | 0,70 | Fett | 0,31 g |
| Energiewert | 174,29 kJ (41,61 kcal) | Kohlehydrate | 7,00 g |

# Rhabarber-Chutney

# Zucchini-Chutney

1 kg Zucchini
200 g Zwiebeln
4 EL Rosinen
1 TL Steviosidpulver (2 g)
1 TL Meersalz
½ TL fein geriebene Ingwerwurzel
1 scharfer roter Peperoncino
1 unbehandelte Orange, Schale und Saft
1 unbehandelte Zitrone, Schale und Saft
1 dl/100 ml Wasser

1 Zucchini beidseitig kappen, ungeschält in kleine Würfel schneiden. Schale der Orange und Zitrone mit einem Zestenmesser abreißen oder mit dem Sparschäler möglichst dünn abziehen und in Streifchen schneiden.

2 Alle Zutaten in einen Topf geben und unter ständigem Rühren langsam aufkochen, etwa 30 Minuten köcheln lassen. Wenn die Flüssigkeit ganz eingekocht ist, etwas Wasser nachgießen.

3 Das heiße Zucchini-Chutney bis 1 cm unter den Rand in vorgewärmte Gläser füllen, sofort verschließen. Gläser einige Tage kühl stellen, damit sich die Aromen entfalten können.

Haltbarkeit Dieses Chutney ist für den raschen Verbrauch bestimmt.

Verwendung Passt zu Fleischfondue, Fisch, Reis und Raclette.

| 100 g enthalten | | | |
|---|---|---|---|
| Broteinheiten | 0,52 | Eiweiß | 1,32 g |
| Brotwert | 0,63 | Fett | 0,32 g |
| Energiewert | 151,18 kJ (36,05 kcal) | Kohlehydrate | 6,28 g |

## Zwiebel-Chutney

500 g Zwiebeln
1 dl / 100 ml Rotweinessig
½ TL edelsüßes Paprikapulver
1 EL Meersalz
¼ TL Steviosidpulver

1 Zwiebeln schälen, in feine Ringe schneiden.

2 Alle Zutaten in einen Topf geben, aufkochen, unter gelegentlichem Rühren bei schwacher Hitze 30 Minuten köcheln lassen, bis die Zwiebeln weich sind. Falls die Flüssigkeit ganz eingekocht ist, ein wenig Wasser nachgießen.

3 Das heiße Zwiebel-Chutney bis 1 cm unter den Rand in vorgewärmte Gläser füllen, sofort verschließen. Einige Tage kühl stellen, damit sich die Aromen entfalten können.

Haltbarkeit & Werwendung Dieses Chutney ist für den raschen Verbrauch bestimmt. Ideal zu Fisch, kurz gebratenem oder kaltem Fleisch, Reis oder zum Aperitif.

| 100 g enthalten | | | |
|---|---|---|---|
| Broteinheiten | 0,35 | Eiweiß | 1,14 g |
| Brotwert | 0,42 | Fett | 0,26 g |
| Energiewert | 112,90 kJ (27,03 kcal) | Kohlehydrate | 4,21 g |

## Süßsaurer Kürbis

mit Ingwer

1,2 kg Kürbis (1 kg geschälter Kürbis)
4 dl / 400 ml Apfelessig
2 dl / 200 ml Wasser
1 TL geriebene Ingwerwurzel
1 TL Steviosidpulver (2 g)
6 dl / 600 ml Süßmost / Apfelsaft

Abbildung Seite 119, hinten

1 Kürbis schälen und entkernen, in Würfelchen schneiden.

2 Essig, Wasser, Ingwer, Steviosid und Süßmost aufkochen, Kürbiswürfel zugeben, bei schwacher Hitze 5 bis 10 Minuten kochen, bis der Kürbis glasig ist.

3 Kürbis mit einem Schaumlöffel aus dem Sud nehmen, kochend heiß in vorgewärmte Gläser füllen. Sud nochmals aufkochen, die Gläser bis 1 cm unter den Rand füllen, sofort verschließen. Gläser zum Auskühlen mit einem Frottétuch zudecken.

| 100 g enthalten | | | |
|---|---|---|---|
| Broteinheiten | 0,21 | Eiweiß | 0,71 g |
| Brotwert | 0,25 | Fett | 0,09 g |
| Energiewert | 114,85 kJ (27,69 kcal) | Kohlehydrate | 2,48 g |

## Heiß einfüllen

Zum Heiß-Einfüllen werden die Frischprodukte gekocht und kochend heiß in vorgewärmte Einmachgläser gefüllt. Diese Methode eignet sich zum Haltbarmachen von Kompotts, Konfitüren, Marmeladen, Gelees, Sirup und Chutneys, und zwar für Obst und Beeren, Tomaten und Kürbis, nicht aber für Gemüse.

Das Heiß-Einfüllen hat viele Vorteile. Es lohnt sich schon, eine kleine Fruchtmenge haltbar zu machen, sogar ein einzelnes Glas. Die Garzeit kann optimiert werden, weil das Garstadium jederzeit kontrolliert werden kann. Dank der kurzen Garzeit bleibt das Aroma optimal erhalten, das Einmachgut verfärbt sich kaum, zudem können wichtige Inhaltsstoffe geschont werden. Zur Haltbarkeit tragen hauptsächlich das durch das «kochend Einfüllen» und anschließende Abkühlen entstehende Vakuum bei, mit dem die sauerstoffabhängigen Bakterien zerstört werden. Genau so wichtig ist natürlich, dass saubere, ausgekochte Gläser und Flaschen verwendet werden.

## Die wichtigsten Regeln zum Erfolg

- In einer absolut sauberen Umgebung arbeiten.
- Nur mit sauberen Händen arbeiten.
- Gläser, Flaschen, Gummiringe, Deckel, Trichter, Löffel und Schöpflöffel müssen vor Gebrauch ausgekocht werden. Dazu einen Kochtopf mit Wasser füllen, Wasser aufkochen, Gläser usw. zugeben und kurz kochen. Die ausgekochten Gläser/Flaschen mit der Öffnung nach unten auf ein sauberes Tuch stellen.
- Nur absolut frische Produkte verwenden, vor dem Gebrauch gründlich waschen.
- Beim «Heiß-Einfüllen» von Kompott oder ganzen Früchten den Kochtopf so wählen, dass die Früchte mit der Flüssigkeit bedeckt sind. Pro Arbeitsgang nicht zu große Mengen kochen. Das Einmachgut in die heiße Flüssigkeit legen und bei schwacher Hitze vorsichtig kochen. Die Kochzeit variiert je nach Größe und Reife der Früchte. Mit Holzstäbchen Garprobe machen: Das Stäbchen muss mühelos ins Fruchtfleisch gesteckt werden können. Sobald

# Einmach-Abc

die Früchte gar sind, mit dem Schaumlöffel herausnehmen, sofort in vorgewärmte Gläser füllen. Flüssigkeit nochmals aufkochen, Gläser bis knapp unter den Rand füllen. Darauf achten, dass der Rand des Glases sauber ist. Gläser sofort verschließen (Schraubdeckel gut zudrehen).

- Beim Herstellen von Konfitüre/Marmelade müssen die Früchte in einem genügend großen Kochtopf gekocht werden. Beim «sprudelnd Kochen» bildet sich viel Schaum, der rasch aufsteigt und überkochen kann. Wenn sich viel Schaum gebildet hat, diesen mit dem Schaumlöffel abschöpfen. Die Früchte sollen weich, aber nicht verkocht sein. Bei Beeren dauert der Garprozess 30–60 Sekunden, bei Kern- und Steinobst je nach Sorte und Reifegrad 2–8 Minuten. Kochende Konfitüre bis 5 mm unter den Rand in das Glas füllen. Den Rand putzen, das Glas sofort verschließen (Schraubdeckel gut zudrehen).
- Die Gläser zum Auskühlen mit einem Frottétuch vor Zugluft schützen.
- Lagerung: Das Eingemachte entwickelt teilweise erst nach einigen Wochen seinen vollen Geschmack, denn die Gewürze brauchen ein wenig Zeit, um sich voll zu entfalten. Gläser beschriften. Inhalt und Datum sind Informationsquellen, die eine gute Übersicht garantieren. Bevor das Einmachgut an einen kühlen, dunklen Ort gebracht wird, Dichte von Verschluss und Gummiring unbedingt kontrollieren. Der ideale Lagerort ist dunkel und trocken, die Temperatur sollte 0 °C nicht unter- und 15 °C nicht überschreiten.
  Als einfache Regel gilt: Den Vorrat bis zur nächsten Ernte aufbrauchen.

## Entsaften

Die Sirupherstellung ist in den Rezepten beschrieben.

### Kleine Fruchtmengen entsaften – Sieb

Ein nicht rostendes Drahtsieb oder ein fein löchriges Chromstahlsieb verwenden. Das heiße, gegarte Beeren- respektive Obstmus in das Sieb gießen, Saft über einem Topf oder einer Schüssel abtropfen lassen und die Reste mit einem Chromstahllöffel sanft ausdrücken.

### Kleine Fruchtmengen entsaften – Abtropfsack

Der im Handel erhältliche Abtropfsack besteht aus einem «vierbeinigen», flexiblen Kunststoffgestell, das auf jeden Topf/jede Pfanne und Schüssel passt, und einem Sack aus Kunststoff, der leicht gereinigt werden kann. Das heiße, gegarte Beeren- oder Obstmus in den Sack gießen, Saft über Topf/Pfanne oder Schüssel abtropfen lassen.

### Große Fruchtmengen entsaften – Safttuch

Nach Großmutters Art Gazewindel aus Baumwolle zwischen einen umgedrehten Hocker spannen und an den Stuhlbeinen mit Gummiband oder Schnur festmachen. Darauf achten, dass der Abstand zwischen Tuch und Auffangschüssel genügend groß ist. Eine große Schüssel darunter stellen. Ein Gefäß aus Chromstahl oder Porzellan verwenden, um eine Oxidation zu vermeiden. Gegartes Beeren- oder Obstmus in das Safttuch gießen und mehrere Stunden (½ Tag oder über Nacht) abtropfen lassen.

### Große Fruchtmengen entsaften – Dampfentsafter

Wer regelmäßig viel Früchte verarbeitet, kauft besser einen Dampfentsafter.
Verwendung gemäß Gebrauchsanweisung.

## Süßsauer einmachen

Die Herstellung von Chutneys oder Mus entspricht der Zubereitung einer Konfitüre. Das Chutney muss vor dem Verzehr etwa 4 Wochen ruhen, damit es sein volles Aroma entfalten kann.

## Sterilisieren

Beim Heiß-Einfüllen wird das Einmachgut zuerst gekocht, beim Sterilisieren roh eingefüllt. Zum Sterilisieren braucht es Gläser mit Gummiring und Klammer. Gläser mit Schraubdeckel sind ungeeignet, weil sie nicht hitzebeständig sind.
Viele nützliche Informationen rund ums Sterilisieren mit zahlreichen Step-by-Step-Fotos gibt es im Buch «Natürlich einmachen» von Anna Spreng und Margrit Bühler.

### Agar-Agar
Pflanzliches Bindemittel aus Meeresalgen. Erhältlich im Bioladen, im Reformhaus und beim Großverteiler. Für die Rezepte in diesem Buch wurde Pulver aus dem Reformhaus/Bioladen verwendet (Agar-Agar hat je nach Lieferant eine andere Bindekraft).

### Agavendicksaft
Das Herz der Agave wird zerkleinert, das Mus gepresst und der so gewonnene Saft gefiltert und eingedickt. Erhältlich im Bioladen/Reformhaus.

### Ahornsirup
Für kanadischen Sirup wird der im Frühjahr in den Bäumen steigende Saft gewonnen und zu einem Konzentrat eingedickt.

### Akazienhonig
Milder, neutraler, flüssiger Honig mit hellgelber Farbe und zartem Duft. Kann durch beliebigen hellen Blütenhonig ersetzt werden.

### Backpulver
Phosphatfreies Backpulver. Im Bioladen oder im Reformhaus erhältlich.

### Birnendicksaft
Birnensaftkonzentrat

### Bourbon-Vanille
Gemahlene Vanilleschoten. Das Extrakt ist im Bioladen und im Reformhaus erhältlich.

### Bourbon-Vanillezucker
Mischung aus gemahlenen Vanilleschoten und Zucker. Vanillezucker selber herstellen: 100 g Zucker in ein Glas mit Schraubdeckel füllen. 1 bis 2 Vanilleschoten längs aufschneiden und beifügen. 2 Wochen stehen lassen, dann ist der Zucker aromatisiert und kann nach Rezeptangabe verwendet werden.

### Hefe
Enthält in Bioqualität keine Emulgatoren und ist deshalb empfehlenswerter als konventionelle Hefe. Erhältlich im Bioladen, im Reformhaus und in gut sortierten Supermärkten.

### Kokosnuss
Im Supermarkt, Asienladen, Bioladen und Reformhaus sind Raspel, Flocken und Milch erhältlich.

# Produkte-Abc

### Milch

Die Kuhmilch kann durch Reis-, Mandel- oder Sojamilch ersetzt werden.

### Steviatropfen

Erhältlich in Drogerien und Apotheken.

### Steviapflanze

Steviapflanzen gibt es in Gärtnereien, Bezugsquellen Seite 136. Auch jedes Blumengeschäft kann die Pflanze besorgen.

# Register

Biogärtnerei Rohrer
Groffeldstrasse 9
9470 Buchs
Telefon 081 756 15 21

Gärtnerei Tognethof
(Markt: Aarau, Samstagmorgen)
5026 Densbüren
Telefon 062 878 19 30

Gärtnerei Jenny
Adligenswilerstrasse 113
6030 Ebikon
Telefon 041 375 60 70

Biogärtnerei Neubauer
Lenzenhausstrasse 9
8586 Erlen
Telefon 071 648 13 32

Gärtnerei zur Kappelenbrücke
3032 Hinterkappelen
Telefon 031 901 20 41

Kolonie Ringwil – Gärtnerei
Koloniestrasse 2
8340 Hinwil/Ringwil
Telefon 044 938 93 33

Biogartenbauschule Hünibach
Chartreusestrasse 7
3626 Hünibach
Telefon 033 244 10 20

Gärtnerei Birchhof
Birchhausstrasse 593
8966 Oberwil-Lieli
Telefon 056 633 99 57

Gärtnerei am Hirtenweg
Hirtenweg 30
4125 Riehen
Telefon 061 603 22 30

Gärtnerei Dietwyler
Hasel 114
5235 Rüfenach
Telefon 056 284 15 70

Gärtnerei Moll GmbH
Grabmattenstrasse 18
5608 Stetten
Telefon 056 496 24 94

Strafanstalt Saxerriet Gärtnerei
9465 Salez
Telefon 081 758 16 60

Schloss-Gärtnerei
Auf Schloss Teufen
8428 Teufen ZH
Telefon 043 444 11 60

Gärtnerei Stiftung Bächtelen
Grünaustrasse 53
3084 Wabern
Telefon 031 963 66 68

Gärtnerei Stiftung Kartause Ittingen
8532 Warth
Telefon 052 748 44 11

Frei Weinlandstauden AG
Breitestrasse 5
8465 Rudolfingen ZH
Telefon 052 319 12 30

# Bezugsliste
für Steviapflanzen

**Brigitte Speck**
ist freie Gesundheitsberaterin AAMI, mit Schwerpunkt Ernährungsberatung. Sie bietet persönliche Beratungen, Kochkurse und Vorträge an zu den Themen Süßspeisen mit Stevia, Ernährungsumstellung bei ADS (Aufmerksamkeits-Defizit-Syndrom mit oder ohne Hyperaktivität), Allergien, Diabetes Mellitus und Kinderernährung an. Sie ist Autorin von Koch- und Ernährungsbüchern. www.ernaehrungsberatungspeck.ch

**Der Verein Pro Stevia Schweiz**
hat das Patronat dieses Kochbuchs übernommen. Er setzt sich für die Zulassung und Förderung von Stevia als gesundem Süßungsmittel ein. Pro Stevia Schweiz stellt gerne weitere Informationen zur Verfügung. Auf der Webseite finden Sie unter anderem aktuelle Adressen für Bezugsquellen von Steviapflanzen.

Pro Stevia Schweiz | Postfach | CH-3000 Bern 23 | www.stevia.ch